TSCHECHEN
Vltava [Moldau]
Sázava
Jihlava [Iglau]
Olomouc [Olmütz]
Grell
České Budějovice [Budweis]
Vltava
[Moldau]
Passau
Dyje [Thaya]
Morava [March]
March
SLOWAKEI
Oberösterreich
Linz
Traun
Aist
Donau
St. Pölten
Traisen
Wien
Bratislava [Pressburg]
Schwechat
Leitha
Ybbs
Enns
Steyr
Attersee
Traunsee
Rodaun/Wien
Mayerling
Weissenbach/Triesting
Waidmannsfeld
Piesting
Fischerhütte
Ottohaus
Schneealpenhaus
Neuberg/Mürz
Graf Meran Haus
Voisthaler Hütte/Föz
Sonnschienhütte
Eisenerz
Radmer/Stube
Johnsbach
Mödlingerhütte
Admont
Spital am Pyhrn
Zellerhütte
Hinterstoder
Pühringerhütte
Loserhütte
Bad Goisern
Gosau
Stuhlalm
Eisenstadt
Burgenland
Neusiedler See
Schwarza
Pitten
Salza
Mürz
Palten
Steiermark
Lafnitz
Raab
Rába
UNGARN
Mur
Graz
Lavant
Gurk
Kärnten
Klagenfurt am Wörthersee
Drau
Mura [Mur]
Drava [Drau]
Sava [Save]
Soča
Ljubljana [Laibach]
SLOWENIEN
KROATIEN
Zagreb [Agram]
Sava
Isonzo
Trieste [Triest]
Kolpa
Kupa
14°
16°
18°
46°

Axel N. Halbhuber

Ich geh dann mal heim

59 Tage in Österreichs Bergen

Inhalt

Seite 2/3: Blick von Memminger Hütte, Lechtaler Alpen
Links: Blick auf Memminger Hütte

Prolog

Auf einer Berghütte, die ich hier nicht namentlich nenne, plaudern einige Gäste mit dem Hüttenwirt.
Ein deutscher Gast fragt: »Wie ist das eigentlich mit der Milch und der Butter?« Der Hüttenwirt schaut ihn ernst an und antwortet: »Naja, die Kühe im Tal gehen ruhiger herum, die geben Milch. Und da heroben schüttelt es alles mehr durch, wenn die Kuh geht, also gibt sie Butter.«
Die Gesichter aller Gäste verziehen sich zu einem Lachen, der Witz des Wirtes ist angekommen. Die Gesichter fast aller Gäste. Denn kurz bevor die anderen loslachen, sagt der deutsche Gast mit aufrichtiger Dankbarkeit: »Aha!«

Warum wandert man von Bregenz nach Wien

Im Nachhinein ist man gescheiter. Und beantwortet die Frage nach dem Warum, die im Vorfeld des Sommers 2009 so oft an mich gerichtet wurde, banal: Weil einem auf der Wanderung durch Österreich solche Situationen, die wie ein alter Witz klingen, wirklich passieren. Oder man antwortet beeindruckt: Weil man Menschen trifft, die vor einer großartigen Kulisse aufeinander treffen und einander zuhören, statt immer etwas sagen zu müssen. Vor allem weiß man nach 1000 Kilometern und 46 000 Höhenmetern im Aufstieg aber, dass man die Frage »Warum wanderst du durch Österreich?« gar nicht beantworten muss.

Eine Wanderung von Bregenz nach Wien braucht keinen Grund. Im Gegenteil: Wer zu lange darüber nachdenkt, wird einen Grund finden, warum er den Weg lieber lässt. Ich habe die Phase der Grundlagenforschung also übersprungen und mich damit zufrieden gegeben, dass ich einfach gerne wandere. Und das Land schön finde.

Diese Begründung ist vielen Mitmenschen aber schlicht zu unspektakulär. Sie sind Grundsucher, Ergründer, und wollen aber bitte schon wissen, warum? Und weil das Gescheiter-Sein des Nachhinein im Vorhinein so hilfreich ist wie ein Regenschirm im Monsun, habe ich bald aufgegeben, Gründe zu erläutern. Stattdessen habe ich genau hingehört. Und siehe: Die Reaktionen meiner Mitmenschen auf die Wanderung lassen auf ihren Typus schließen, auf ihre Sehnsüchte und Empfindungen. Quasi: Sag etwas auf »Ich wandere im Sommer von Bregenz nach Wien« und ich sage dir, wer du bist.

Reaktion »Axel N., du spinnst«

Typus: Der ängstliche Antithesen-Freak. Denkt sich »Bist-du-deppert« und träumt zugleich vom zweimonatigen Aussteigen. Würde aber nie den eigenen Alltag dafür eintauschen – schon gar nicht gegen einen Rucksack, bestenfalls gegen den blendend weißen Sandstrand. Findet tausend Gründe gegen die Wanderung, aber keinen dafür.

Reaktion »Der Otto-Motor ist schon erfunden«

Typus: Scheiß Benzinpreise. Hat seinen Sonnenbrand von langen Cabrio-Ausfahrten und nennt sein Auto beim Namen. Sagt »Ich stehe ums Eck«, wenn das Auto dort parkt. Mag weit entfernte Termine und wird sich eine Veloursleder-Polsterung leisten, sobald die Kinder aus dem Auto sind.

Reaktion »Expedition Österreich?«

Typus: Der ORF-Nostalgiker. Hat sich in Mirjam Weichselbraun verliebt, als sie ihre ORF-Karriere als Außenposten in der legendär erfolglosen Sendung begonnen hatte. Ist oft alleine, weil sich mittlerweile weniger an die Sendung erinnern als an den ersten Dancing Star. Die Liebe zu Weichselbraun wurde später von der zu den WG-Girls von »Mitten im 8en« abgelöst.

Reaktion »Jakobsweg?«

Typus: Der Beseelte. In Krisenzeiten wendet man sich gerne an spirituelle Instanzen, Schnaps oder Gott. Wenn der Verein Gottes selber in der Krise steckt, bleiben nur Volksgottheiten, etwa das deutsche Komiker-Ass Hape Kerkeling. Seine Bibel »Ich bin dann mal weg« ist in den Bestsellerlisten noch immer da. Der Beseelte überhört »Bregenz–Wien« und ignoriert, dass Santiago de Compostela nicht am Weg liegt.

Reaktion »Warum?«

Typus: Mein Unfallchirurg. Trockener Metzgerschmäh.

Ich: »Im Sommer wandere ich von Bregenz nach Wien.«

Er (sehr netter Mensch, toller Arzt, Primar, Vater meines ehemaligen Klassenkollegen): *Schweigt.*

Ich, *ergänzend*: »Am Stück.«

Er: »Warum?«

Ich, *schweige, denke*: »Wie, warum?«

Er: »Aus sportlichem Ergeiz?«

Ich: »Ach so, nein, es ist ein Projekt.«

Er, *trocken*: »Mit deinen Knien!«

Ich, *absichtlich noch trockener*: »Nein, ich schreibe darüber.«

Er, *trocken*: »Aha.«

Ich: »Und?«

Er, *trocken*: »Na ja.«

Rast auf dem Toten Mann

Ich: »Geht das?«

Er: »Das geht schon.« Kein Schmunzeln. »Na ja. Schon.«

Ich: »Kann das ein Problem sein mit meinen Knien?«

Er: »Mit den Knien kann alles ein Problem sein.« *Trocken.*

Ich: »Das weiß ich eh. Aber verschlimmert die Wanderung das vielleicht.«

Er: »Nein. Nicht unbedingt. Aufpassen muss man halt. Und auf Schwellungen achten.«

Ich: »Da komm ich nicht umhin.«

Er: »Eben.«

Ich: »Ja, eben.«

Er: »Rasttage.«

Ich: »Rasttage?«

Er: »Rasttage.«

Ich: »Ja, Rasttage lege ich ein. Die werde ich brauchen.«

Er: »Und bergab nimm ruhig den Lift.«

Ich: »Gut.«

Er: »Gut. Alles Gute. Aufpassen. Nicht übertreiben.«

Ich: »Ja.«

Schlussendlich war der Unfallchirurg unter allen Reaktionen während meiner Vorbereitungen der einzige Phlegmatiker. Der einzige zwischen skeptischem Unverständnis und motivierenden Worten. Und irgendwie fühlte ich mich von ihm besonders verstanden. Ihm musste ich nicht erklären, dass ich diese Wanderung trotz meiner 108 Kilo Startgewicht nicht mache, um abzunehmen. Dass ich keine Erleuchtung suche und mich nicht aufmache, um ein Problem zu lösen. Mit 32 Jahren spürt man noch keine Midlife-Krise. Ich will weder Gott noch mich finden, ich weiß eh, wo wir sind. Ich wandere nur. Nur so. Einfach nur so.

Ich erwarte mir keine Bewusstseins-Änderung von den zwei Monaten. Wer sich ohne große Fragen auf den Weg macht, kommt ohne große Antworten zurück.

Hab ich geglaubt.

Im Kopf geht sich das aus. Vorbereitungen

Da tun immer alle gleich so dings, wenn ich auf die Frage nach der Vorbereitung mit Kopfschütteln reagiere. Wie viel ich denn trainiere? Kaum, weil man ja einfach nie zum Sporteln kommt, solange man im Alltag festsitzt. Welche Bücher ich denn lese? Gar keine zum Thema. Ob ich denn auch Steigeisen, Pickel, Höhenmesser, Notfalls-Biwaksack und Yetiflinte einpacke? Nein, nein, nein, ja. Nur ein Taschenmesser.

Da tun dann immer alle so, als ob ich diese Wanderung nicht ernst nehme. Oh doch, urernst. Urernst in Reinkultur. Respekt, Nervosität und Vorfreude halten in meinem Magen Klausur. Aber über allem die Frage: Wie bereite ich mich denn auf zweimonatiges Wandern vor? Wie simuliere ich denn Tag 17 oder Woche acht? Oder auch nur den dritten Tag im Dauerregen, die sechste Gehstunde in röstender Hitze? Richtig: Mental. Ich kann das alles nur im Kopf durchspielen. Mir Tipps holen, gut zureden lassen oder Warnungen verinnerlichen. Und daraus ein Gesamtbild entwerfen, das die Sache für mich möglich erscheinen lässt. Nach bestem Wissen und Gewissen alles Mögliche einpacken, alles Unmögliche weglassen. Sich an die Fakten halten: Ich gehe von Bregenz nach Wien. Im Sommer. Ja, es liegt noch Schnee, und das Wetter ist derzeit eher Hollywood als Mitteleuropa. Aber ich bewege mich durch ein Land, in dem die giftigste Schlange nur einer Fliege etwas zuleide tun kann. In dem die Berge Höhenkrankheit nur vom Hörensagen kennen. In dem sich mehr Menschen beim Bügeln verletzen als am Berg. Ich halte mich lieber an faktische Vorbereitungen.

Links: Frauenmauerhöhle Osteingang

Hütten reservieren. Ich schreibe ein E-Mail an alle Hütten auf meiner Route, lasse die Wirte mein geplantes Nächtigungsdatum wissen. Eine Woche davor werde ich nochmal bestätigen.

Wege erfragen. Ich besorge mir für den gesamten Weg Karten im Maßstab 1:50 000. Schaue sie mir gut an, vergleiche sie mit Wegbeschreibungen aus dem Internet und dem Führer zum Weitwanderweg 01. Telefoniere mit Hüttenwirten, Bergrettungssektionen und dem Alpenverein, um nähere Informationen zu unklaren Stellen zu bekommen.

Rucksack packen. Ohne Trinkwasser bin ich schlussendlich mit guten 13,9 Kilo aufgebrochen. Das ging nur, weil ich seit Wochen den gut gemeinten Ratschlägen widerstand: »Nimm das auch noch mit. Das hat eh kein Gewicht.«
Alle Tipps hätten miteinander 150 Kilo. Mein 70-Liter-Rucksack beheimatet nun:

- Feste Berg- oder leichte Trekkingschuhe. Wechselweise ein Paar am Fuß, eines im Rucksack. Das Thema Steigeisen muss jeder für sich beantworten. Ich habe keine gebraucht, auch weil ich langen, sehr vereisten Schneefeld-Etappen ausgewichen bin.
- Drei Paar Wandersocken, zwei davon dünn, eines mitteldick. Eines davon wird wohl immer, frisch im Waschbecken ausgewaschen, zum Trocknen am Rucksack baumeln.
- Zweieinhalb Leibchen. Zwei Halbfunktions-Polos (aus einem Stoff, der das abgesonderte Schweiß-Flüssige nicht völlig aufsaugt) und ein Vollfunktions-Shirt. Das ist so wenig, dass es nur halb zählt.
- Die Hose ist an den Beinen, nicht im Rucksack. Sie lässt sich zur kurzen abzippen und hat Seitentaschen. Ja, das ist praktisch und wenig formschön.

- Drei Boxershorts. Zwei eng anliegend, eine weiter geschnitten.
- Ein Fleece und eine Bergjacke, ineinander verzippbar. Eine Regenpelerine, einen Rucksack-Regenschutz. Dazu kann ich im Nachhinein sagen: Es reicht, sich zwischen Bergjacke/Rucksack-Schutz oder warmes Fleece/Pelerine zu entscheiden. Ich habe bald auf die Jacke verzichtet und bei Regen immer die Pelerine über mich und Rucksack geworfen.
- Teleskop-Wanderstöcke. Immens wichtig.
- Eine Haube, Handschuhe, röhrenartiges Hals- und Kopftuch (das ist toll!).

- Eine digitale Spiegelreflex, mein HP 2140-Mini-Notebook, meine Internet-Datensticks von Orange und A1, ein GPS zum Mitmessen der Strecke. Und natürlich alle Ladegeräte dazu.
- Ein Klettersteig-Set. Zur Sicherheit auf ausgesetzten Wanderwegen. Das habe ich bald wieder nach Hause geschickt.
- Biwacksack, Gamaschen & Regenhose. Unverzichtbar.
- Hüttenschlafsack, Erste-Hilfe-Klumpert, das nötigste Waschzeug (Bürste, Pasta, Nagelschneider, klitzekleines Duschgel, aus).

- Wanderkarten. Ich bin ein Romantiker, man könnte die auch auf dem GPS haben.
- Pfeiferl für Notsignale, Sonnencreme, Taschenmesser. Müsliriegel vom Feinsten. Ein paar Schnüre und Kleinkram.
- Alpenvereinsausweis und den Nachweis, Bergrettungs-Förderer zu sein. Beides eine Frage der Ehre und im Un-Fall unersetzbar.
- Leine, Schutzdecke (zum Sichern) und einen Patschen (Stichwort verletzte Pfote) für den Hund Niko Poldi. Womit wir beim Wichtigsten wären:

Natürlich habe ich Hund Niko nicht gefragt, ob er mit mir im Sommer von Bregenz nach Wien wandern möchte. Er hätte ohnehin nicht geantwortet. Denn auch wenn er in den sechs Jahren Hundsein durchaus menschliche Züge entwickelt hat, spricht er nicht. Er legt lieber den Kopf schief, wenn er nicht versteht, streckt den Hals, wenn er etwas hört. Er grummelt, wenn es ihm zu viel wird und bellt vergnügt, wenn noch mehr geht. Er fordert, verneint,

gibt Nähe und hat Angst. Ich liebe diesen Hund Niko. Und ja, mir scheint, er liebt mich auch.

Hund Niko ist ein kastriertes Mandi, sechs Jahre alt. Er heißt auch Poldi, seit die Griechen im Euro 2004-Finale überraschend auch die Portugiesen geschlagen haben. Der griechische Torhüter hieß Nikopolidis. Ja, blöde Wette. Aber Hund Niko hat auch dazu nie etwas gesagt. Am Berg ist er immer bei mir. Bei schwierigen Stellen rede ich meist auf ihn ein, er solle ruhig bleiben, langsam gehen und brav sein. Er lässt es immer über sich ergehen. Und bringt mich so, therapeutisch wertvoll, immer drüber.

Wir werden das schaffen, denke ich. Auch ohne monatelanges Training. Das wird schon. Gehen.

Was mir aufgefallen ist. Eine Sammlung guter Tipps

Auch wenn diese Wanderung mich weder zum Alpinguru noch zum Sportmediziner gemacht hat, blieb etwas hängen. Die folgenden Tipps sind subjektiv, aber vielleicht doch hilfreich fürs Weitwandern.

Ernährung. Eine der größten Gefahren langer Wandertouren ist Hunger. Wenn der Körper zulange keine Energie bekommt, streikt er. Massiv. Eine solche Unterzuckerung ist nicht mehr leicht loszuwerden, da ist dem Körper dann wurscht, ob es bis zur nächsten Hütte noch drei Stunden sind. Die Knie wackeln, der Kreislauf auch. Daher sollte man regelmäßig essen. Für mich hat sich vor allem Studentenfutter als geniale Kraftnahrung erwiesen. Die Energie kommt schnell und hält lange an. Mein liebstes Wanderobst sind Bananen, Äpfel bringen mir wenig Energie. Besonders wertvoll waren die Energieriegel, die mir meine gut befreundete Vital- und Ernährungstrainerin Bettina mitgab (siehe »Schön, dass ich euch danken darf«).
Flüssigkeit ist genauso wichtig. Ich trinke beim Wandern am liebsten Wasser, aber auch ungesüßter Kräutertee oder stark verdünnter Fruchtsaft eignen sich gut. Jedenfalls sollte man auf mindestens einen halben Liter pro Stunde kommen. Der Hauptgrund für zu wenig Trinken ist das mühsame Rucksack-Abstellen und Trinkflasche-Herausholen. Daher empfehle ich die Trinksysteme, bei denen man einen großen Beutel im Rucksack verstaut und aus einem Schlauch nuckelt. Man fühlt sich anfangs merkwürdig, trinkt aber regelmäßiger.
Limonaden, Süßigkeiten, Kaffee und (zuviel) Alkohol haben mir

beim Wandern geschadet, weil sie Wasser entziehen, im Magen liegen oder einfach einen schweren Kopf machen.
Ich habe gelegentlich eine Magnesium- oder Calcium-Brausetablette zu mir genommen, aber nicht regelmäßig. Und ab und zu ein bisschen Salz in den großen Apfelsaft gespritzt (immer mit mehr Wasser als Saft) gemixt.

Gelenke und Muskeln. Meine größte Sorge galt meinen sechsfach operierten Knien. Wiederum waren es Bettinas Tipps, die mich zwei Monate und 46 000 Abstiegs-Höhenmeter schmerzfrei hielten.

- Ich schwöre auf Stöcke. Neben der Entlastung beim Bergabgehen, bringen die noch zwei Vorteile mit sich: Die Arme werden

durchblutet, außerdem wird auch die Bauchmuskulatur trainiert. Und wer die Stöcke richtig einsetzt, verteilt beim Bergaufgehen die Anstrengung auf alle vier Gliedmaßen, statt nur auf die Beine. Das hält die Beine länger fit.

- Beim Bergabgehen werden die Stöcke nach vor gesetzt, der Rücken ist aufrecht, die Knie leicht angewinkelt. Man sitzt ein bisschen hinten. Jeder Schritt wird auf der Ferse aufgesetzt und nach vorne abgerollt. Wer es richtig macht, hört erstens den eigenen Schritt kaum. Und spürt es zweitens bald in den Oberschenkeln. Wer es nicht spürt, muss mehr in die Knie. Die Oberschenkel nehmen so den Knien die Erschütterung ab. Ich hatte nach den zwei Monaten Oberschenkel wie ein kalifornischer Gouverneur.
- Der Körper braucht Regeneration. Wer sich einmal übernimmt, wird am nächsten Tag nicht aufkommen. Daher muss man die Teilstrecke so wählen, dass man sich am nächsten Morgen wieder frisch fühlt. Außerdem ist die Verletzungsgefahr bei Ermüdung am höchsten, Stichwort Stolpern. Neben der Länge der Etappe ist dabei das Tempo entscheidend. Wer mit zu hohem Puls geht, kann bald nicht mehr. Daher: Lieber langsamer werden, wenn man zu schnaufen beginnt.

Ausrüstung. Am wichtigsten sind die Schuhe, die Schuhe sind am wichtigsten. Neue Schuhe immer vor langen Touren eingehen. Und: Der Rucksack ist voll, wenn alles Notwendige drin ist. Auch wenn er halbleer ist. So leicht wie möglich, so schwer wie unbedingt nötig.

Und das noch. In Gesellschaft gehen tut gut. Vor allem schöne Momente, Sonnenuntergänge und Weitblicke sind gemeinsam noch besser. Außerdem sollte man am Berg generell eher nicht

alleine unterwegs sein. Jedoch, es gibt ein Aber: Gelegentlich braucht man das Alleinsein am Berg. Um das eigene Tempo zu nehmen, die eigenen Nischen zu entdecken und sich selbst zuzuhören.

Bergrettungs-Förderer und Alpenvereinsmitglied zu sein, deckt Bergekosten und man übernachtet auf Hütten günstiger. Vor allem ist es aber eine Frage der Ehre: Diese Menschen richten die Wege, malen die Markierungen und befestigen die Sicherungen. Na eben. Es ist eine Frage des guten Tones, Quartiere zu reservieren. Und vor allem, sie rechtzeitig zu stornieren, wenn etwas dazwischen kommt. Wer mit einem Hund kommt, sollte das vorab unbedingt mit dem Hüttenwirt klären.

Die Wanderung

Am Temelbergsattel ist alles aus. Laut ist das Tote Gebirge ja nie, aber hier ist es still. Rollende Steine verstummen ehrfürchtig, der Wind flacht ab, der Dachstein schaut schweigend aus der Ferne herüber. Kein Ton ist zu hören, da oben ist Totenstille.
Ich habe so etwas noch nie erlebt und mache mit, kein Zeiger tickt, kein Puls ist zu hören. Hund Niko Poldi legt sich hin und erweist dem Gebirge die letzte Ehre. Die Szene ist klar und deutlich. Hier, wo man nichts hört, hört man endlich genau hin. Und wird gefangen vom Blick Richtung Osten: Da liegt die Klinser Schlucht, ein Joch aus zwei zusammenstoßenden Schotterfeldern. Sie gleichen dem Tunnel, hinter dem das Licht des offenen Stodertals hervorleuchtet. Hier oben ist Pause.
Und mir fällt wieder einmal auf: Das Wichtigste am Gehen ist das Stehen.

Beim ersten Mal tut es weh

Ich habe am ersten Tag den Plan geändert. Und ja, ich fühle mich dabei ausgezeichnet. Es ist auch ganz leicht gewesen, weil einem das Leben manchmal wirklich zur Hilfe eilt. In etwa so: Meine Etappengefährten und ich sind um 17 Uhr in Kehlegg *(die Vorarlberger variieren zwischen »der Weg nach Kehlegg«, »der Weg ins Kehlegg« und »der Weg aufs Kehlegg« als ob es völlig wurscht wäre, ob Kehlegg nun ein Ort, eine geografische Einheit oder ein Berg ist. Und ehrlich: ist es auch)* im herrlichen Gasthaus Firstblick gesessen – die Gefährten im Kampf mit dem Hungergefühl, ich im Kampf mit meinem Blog. Der guten Stimmung standen nur die noch ausständigen drei Gehstunden im Weg. Dann kawumm. Ein Wolkenbruch, dass du die Tropfen für Hagelkörner hältst. Und so sehr uns das Gewitter den ganzen Tag mit Abwesenheit geplagt hatte *(weil stattdessen die Schwüle dominierte)* – wir tanzten innerlich. Äußerlich wechselten wir gegenseitig Bekundungen aus, wie traurig das jetzt ist. Aber nur bis wir Zimmer bei der einheimischen Frau Wirtshaus erbeten und bei unserer eigentlichen Zieletappe storniert hatten.

Tipp des Tages:
Von Bregenz bis Dornbirn nimmt man den Bus, basta!

Natürlich ist das eine Art Scheitern: Planänderung, Etappen-

verkürzung, das alles am ersten Tag. Doch die Zyniker mögen sich an jene wenden, die mir seit Wochen einimpfen: Nix übertreiben, langsam angehen, gerade am Anfang nichts erzwingen, das gefährde das gesamte Projekt. Liebe Freunde, ihr habt Recht, ich beuge mich. Weil den ganzen ersten Tag *(der im übrigen mit drei Stunden Gehsteig-Wanderung beginnt, so ist das halt zwischen Bregenz und Dornbirn)* die hämmernde Frage »Warum?« auf mich eindrosch. Sie ist wie eine lästige Fliege: Sie schwirrt dir um den Kopf und geht dir mächtig auf den Popo. In jedem verdammten Moment, auf jedem vermaledeiten Höhenmeter und nährt ihre Kraft aus jedem ekelhaften Kilo in meinem Rucksack. Warum macht die Romantik am ersten Tag einer Wanderung eigentlich immer blau?

Die Frage im Gewand der Fliege lässt sich nicht vertreiben, nur in Schach halten. Durch das Absingen von Liedern. »Wie beim ers-

ten Mal«. »The First Cut Is The Deepest«. »Das erste Mal tats noch weh«.

Ich sage es offen: Es war für den ersten Tag einfach genug und einen solchen Firstblick tritt man nicht mit Füßen. Schon gar nicht mit geschwollenen. Ich dusche jetzt, lege mich ins Kuschelbett. Und summe »Erste große Liebe« von Wolfgang Ambros.

Tag 1

Bregenz Hauptbahnhof – Dornbirn – Kehlegg (statt Bregenzer Hütte). Sechs Gehstunden, davon fünf neben der Straße. Daher ist eine Busfahrt nach Dornbirn und weiter aufs Kehlegg tatsächlich zu empfehlen – es sei denn man steht auf das Ländle-Idyll und möchte eher bunte, alte Häuser sehen als in der Natur wandern. Als Alternativroute bietet sich die Busfahrt aufs Bödele an, von dem aus man dann gleich im Wald ist und das ursprüngliche Etappenziel, die Bregenzer Hütte, in eineinhalb gemütlichen Stunden erreicht. Besonders Ausdauernde können von Bregenz über den Ort Bildstein (toller Blick) bis aufs Bödele wandern. Das bedeutet aber einen langen ersten vor einem anstrengenden zweiten Tag.

Hund Niko Poldi mag Asphaltwanderungen so gerne wie ich. Nämlich nicht.

Gratwanderung. Oder: Wann hat man beim Sex je so viel zu verlieren?

«Einen Gipfel zu bezwingen, ist schöner als ein Orgasmus«, hat eine Freundin einmal gesagt. Und so verdutzt ihr Freund – ihr damaliger – da geschaut hat, so Recht hatte sie. Ich weiß das, denn ich war am Hohen Freschen dabei, als fünf Menschen aus der Ebene den steilen Binnelgrat bezwangen. Ich war dabei, als Adrenalin und Endorphin langsam Liebe machten, bis man auf den Gipfel kommt.

Dass die Route von Kehlegg zum Binnelgrat für durchschnittliche Zu-Fuß-Menschen wesentlich geschmeidiger ist als jene über Bödele – Dornbirner First – Mörtzelspitze – undundund, verschweigen die Vorarlberger. Sie sehen im Binnelgrat nicht mehr als einen hohen Gehsteig. Tatsächlich ist er aber uh ah. Beiderseits geht es so tief hinunter, als ob unten die Hölle beginnen würde. Ein Schritt nach dem anderen. Konzentration auf den Weg, keine Ablenkung. Jeder Fehltritt wäre der letzte. Und genau da kommt die körperliche Liebe ins Spiel: Der Binnel ist nicht nur ein Grat. Er ist eine Gratwanderung. Angst und Freude auf vierzig Zentimetern Wegbreite. Wann hat man beim Sex je so viel zu verlieren? Oben angekommen sieht man auf die Welt

Tipp des Tages:

Zeitiger Aufbruch, vom Freschenhaus bis Damüls ist es schon noch weit! Oder aber einfach die Tour halbieren und auf dem Freschenhaus nächtigen. Herrlicher Blick und nette Chefin inklusive.

und hat das Gefühl, sie dreht sich nur um einen selbst. Und manche rauchen eine.

Wir haben uns trotzdem mit dem Wegkommen beeilt, das Wetter rollte mit lautem Donner heran. Da will man nicht kuscheln, sondern diese zwölf Stunden lange, 29 Kilometer weite, und knappe 2 500 Auf- und Ab-Höhenmeter anstrengende Tagesetappe beenden. Und was soll ich sagen: Nach kurzem Stopp am Freschenhaus waren die verbleibenden drei Stunden nach Damüls wie eine Wanderung am Grat. Und das Gefühl am Ziel war wie am Freschen. Nur ohne Gipfel.

Tag 2

Kehlegg – Unterfluhalpe – Fluhjöchle – Binnelalpe – Binnelgrat – Hoher Freschen – Freschenhaus – Gäviser Höhe – Stechweidweg – Portlajoch – Portlaalm – Damüls. Monstertour: Neuneinhalb Gehstunden. Im Vergleich mit der Hauptstrecke über den Dornbirner First ist dieser Weg bis zum Aufstieg auf das Salzböden Kar sanft. Der anschließende Binnelgrat ist das Herzstück des Tages, ein aufregender Alpin-Steig, der nur bei Schönwetter zu empfehlen ist und absolute Trittsicherheit sowie den Einsatz der Hände fordert. Das Wandern stößt hier an seine Grenzen, richtiges Klettern ist es aber nicht, eine Gratwanderung eben.

Traurig: Hund Niko Poldi humpelt, er scheint überanstrengt zu sein.

Das Wetter hat immer Recht

Wenn dir am Vorabend ein Unwetter auf den Kopf gefallen ist, bei dem Noah seine Arche verheizt hätte und dein Hund frühmorgens hinkt, als ob er dir damit etwas sagen möchte: Dann denkst du ganz automatisch nach, ob der heutige Etappenweg am hochgelegenen Hang einer ausgesetzten Bergkette passend ist. Der Weg heißt Hochschere und die Antwort: Natürlich nicht.

Tipp des Tages:
Gib der Gülle ihre Zeit.

Wenn dann noch Mitwanderin Livi ihre zwei fetten Fersenblasen zum Frühstück mitbringt, bei dem die ortskundige Frühstücksgeberin das Wort »Gewitteranfälligkeit« mitserviert: Dann bist du mit deiner Antwort zufrieden. Da braucht der Himmel gar nicht mehr finster dreinzuschauen, du gehst nach Buchboden, dann von dort den weniger hochgelegenen Weg auf die Biberacher Hütte und weiter nach Schröcken.

Kommst du dann in einen Regenguss, von dem auch die Unter-

hose noch was hat, dann fragst du nicht nur nach einem heißen Tee, sondern auch nach einer Transportmöglichkeit in die richtige Richtung. *(Nein, kein Mensch fragt hinter den hohen Bergen in den dunklen Wäldern nach einem Taxi.)* So sparst du zumindest eine Stunde Weg, zumal die eingeborenen Quaxis das für diesen wechselhaften Tag durchaus empfehlen. Und auch wenn die Luft mittlerweile wieder wasserfrei ist, denkst du: Scheißregen.

Dann gehst du Richtung Biberacher Hütte, natürlich nach dem Gewitter herrlicher Sonnenschein, dir dampft die Nässe aus den Knochen. Dann passiert etwas Lustiges: Des Bauers Traktor steht auf deinem Weg und schießt Gülle durch eine Spritzkanone auf die Almwiese. Du wartest geduldig, gehst erst weiter, wenn die Kacke in Ruhe auf der Weide dampft. Aber Gülle hält sich scheinbar so lange fein zerstäubt in der Luft, bis du vorbeikommst. Und da denkst du dir: Scheiß Regen.

Wenn du dann auf der Biberacher Hütte den prächtigen, sonnendurchfluteten Hochschereweg siehst, denkst du dir: Das wäre gegangen, woher denn Regen, was haben die alle? Prompt serviert dir die Hüttenwirtin ein herzhaftes »Quellwolken« zur Erbsen-

suppe. Wenn dir dann beim Abstieg nach Schröcken Kühe begegnen *(nennen wir es Almauftrieb)* und du sie fotografierst *(weil man das nicht oft sieht, eigentlich noch nie)*, dann schauen dich beide mitleidig an: die Kühe und ihre Besitzer. Und du beziehst das Mitleid irgendwie darauf, dass du den coolen Weg ausgelassen hast. Und wenn du dann die Unterkunft in Schröcken erreichst und es ist noch immer trocken, dann grummelst du. Und als ob der vorarlbergische Himmel seine Landsleute unterstützen will, grummelt er zurück. Und es beginnt. Wieder. Voll.
Und dann weißt du genau: Wetter und Eingeborene haben immer Recht.

Tag 3
Damüls – Buchboden – Untere Ischkarneialpe (per Auto) – Biberacher Hütte – Schröcken. Fünf Gehstunden. Der Weg hat sich als gute Umgehung des Hochscherewegs erwiesen. Zwischen der Ischkarneialpe und der Biberacher Hütte ist er stellenweise anstrengend und recht schmal, aber durchgehend eine schöne Wanderung. Trotzdem: Wenn man von der Biberacher Hütte auf den Hochschereweg zurück schaut, denkt man sich, dass es schade darum war.

Hund Niko Poldi humpelt und ist definitiv überanstrengt.

Daher wird der treue Gefährte morgen außerplanmäßig abreisen. Denn so kann er leider nicht mit auf die nächste Teilstrecke *(Lech-Fernpass)*, die sieben Tage ausschließlich über hohe Berge führen wird. Er braucht eine Pause, aber keine Sorge: Niko Poldi will be back. Wenn er erholt ist. Denken wir eine Minute lang gemeinsam an ihn und wünschen ihm fette Knochen, schnell heilende Gelenke und tiefe Träume von der schönen Lassie.

Menschen aus dem Märchenland

Wetterschwankungen haben auch etwas Gutes: Man muss den Plan ändern. Pläne gehören zur Gruppe der Berechnung. Planänderungen zur Gruppe der Befreiung, was jegliche Diskussion darüber obsolet macht, welcher man lieber angehört. Weiters führen Änderungen zu liebsamen Überraschungen. *(Ja, natürlich auch zu unliebsamen, aber mit denen rechnet man wieder, also sind sie im Plan.)* Dem wunderbaren Auenfeld etwa begegnete ich heute nur wegen der Streckenänderung über Schröcken. Und wahrlich: Hier könnte hinter jedem Baum Frodo Beutlin hervorhüpfen. Und weil die kommenden Tage durch die Lechtaler Alpen für mich ein bisschen Schicksalsberg sein werden (hochalpin, Geröll und Schnee, womöglich Monster), genoss ich dieses Idyll.

Tipp des Tages:
Schau nach links und rechts, vor allem aber sprich mit den Menschen!

In das sich die Begegnung mit einer Bregenzerin stimmig einfügte: Sie war freundlich und schien jünger als ihre Geburtsurkunde. Und sie hat mich überrascht. Denn sie kanalisierte das klassische Sechzigplus-Mitteilungsbedürfnis in allgemein Wissenswertes statt in Alltags-Raunzen wie »Meine Enkel rufen nicht an ...«, »Ich nehme gegen Bluthochdruck ...«, »Die Nachbarn sind ...«. Die Vorarlberger seien schon Walser, brauchen sich gar nicht einzubilden, eigene Volksgruppe und so. Das sei interessant und Wiener seien nett, da brauchen die Vorarlberger gar nicht sagen, die Wiener seien nicht nett. Die Deutschen seien ihr lieber als die Schweizer. Bis nach Wien gehen, zu Fuß, na wui. Sie gehe nur wegen der Almblumen-Blüte in die Berge, haben Sie Almrosen gesehen? Kann sein, wie sehen die aus?

Die fröhliche Plaudertasche war anders als die Bregenzer, bis jetzt. Ich habe es verschwiegen, aber am ersten Tag schmunzelte ich vor allem darüber:
Ich (in der Nähe des Bregenzer Bahnhofs): »Wie gehe ich denn am besten nach Dornbirn?« Bregenzer: »Mit dem Auto?« Ich: »Nein, zu Fuß.« Bregenzer: »Also mit der Bahn?« Ich: »Nein, zu Fuß.« Bregenzer: »Mit dem Bus?« Ich: »Nein, zu Fuß.« Bregenzer: »Das ist weit. Sicher zwei Stunden.« Ich: »Ach so, danke.« (Dieses Gespräch blieb bis zum Bregenzer Stadtrand gleich. Nur der Bregenzer änderte sich.)
Nur Franz hatte mich und meine Wanderung gleich verstanden. Aber zugegeben, Franz hat einen Vorteil: Er ist vom Gasthaus Firstblick ob Dornbirn, wo ich ihm auch begegnet war, bis Jerusalem gegangen. Viertausend Kilometer für Israels Frieden. Und als der Kerl mit körperlichem Bodybuilder-Ansatz das in einem sanften französisch-vorarlbergisch-schwäbischen Akzent erzählte, mit einem sanften Gesichtsausdruck und mit einer Stimme, als ob er

ein kleines Kind beruhigen möchte, habe ich auf die außenpolitische Diskussion um Israels Friedenswillen verzichtet. Franz, der »Liftarbeiter und im Sommer Rasenmäher, etwas ganz Einfaches« war mir sympathisch. Sehr. Wie auch Sonja, die Freschenhaus-Chefin. Erzählt ungefragt über mühsame Verwandtschaft und die Chlorprobleme auf ihrer Hütte. Es scheitere an den Grünen. Warum sie niemandem sagt, dass es einen einfacheren Weg auf den Freschen (sprich: Fröschn) gibt? »Fragt ja keiner. Würde ich alles sagen, ohne dass die Luit fragen, käme ich aus dem Reden nicht heraus.«

Ja, auf dem Auenfeld kommt man zum Rückblicken. Und mein erster Besuch auf dem Freschenhaus, vor einem Jahr, ist den Rückblick wert: Drei Männer an einem Tisch, drei Themen in einem Gespräch. Sie redeten in einer polyphonen Symphonie so herrlich

aneinander vorbei, dass sich eine fesselnde Harmonie ergab, etwa so: Ein Alter erzählte vom Zweiten Weltkrieg und den Flugzeugen. Ein Älterer sagte alles dreimal. (Die Karten müssen ganz neu sein, ganz neu müssen die Karten sein, diese Karten, ganz neu.) Und der Deutsche, der vehement und über Stunden hinweg den beiden Eingeborenen klarmachen will, dass es vom Portlajoch bis zur Gävishöhe mehr als eine Stunde ist – das sei falsch angeschrieben. Er sei nämlich an Alpenpflanzen interessiert.
Alpenflora! Man kommt immer wieder zu den schönen Dingen im Leben, wenn man sich so durch Vorarlberg bewegt. Ich danke euch dafür.

Tag 4
Schröcken – Auenfeld Sattel – Lech. Urgemütlich: Dreieinhalb Gehstunden bis Oberlech, dann mit der Seilbahn hinunter. Die Strecke hat etwas von Märchenwunderland, ist für jeden zu gehen und auch für Kinder ein Traum. Auf dem Weg ist viel zu sehen, echter Almkäse zu kosten und herrliche Gipfel zu bewundern. Kultivierte Natur vom Feinsten.

***Tag 5** war der erste Ruhetag meiner Wanderung, verbracht in der schönen Hotelpension Roggal im mondänen Lech am Arlberg. Eigentlich war das Rasten nicht notwendig, es geht mir blendend: keine Blasen, intakte Gelenke, kaum Schmerzen. Aber eben das ist genau der richtige Zeitpunkt, denn wenn man es soweit kommen lässt, dass man einen Ruhetag unbedingt nötig hat, reicht einer allein eh nicht mehr aus. Nur nicht übergehen!*

Hund Niko Poldi, ich vermisse dich!

Folgende Doppelseite: Auenfeld Sattel

Am sechsten Tag schuf Gott den Hirten

Heute gab es kein Gewitter. Es hat einfach den ganzen Tag geregnet. Und zwar fies. Nieselig. Da denkt man nichts Böses, zieht eine Regenhose und damit die Einbildung über, dem Berg gewachsen zu sein. Aber der Regen von heute hatte etwas Trojanisches. Er schlich sich leise in die Kleidung und traf mich, wo es am meisten schmerzt: In den Schuhen. Meine Reaktion war martialisch: Volle Anti-Regen-Kampfmontur, Gamaschen, Pelerine, frisches Paar Socken. Half wenig: Wenn das Pferd einmal in der Stadt ist, lahmt der Fuß. Konkret der linke, konkreter die Zehe, ganz konkret eine fette Blase.

Tipp des Tages:
Nieselregen kriecht überall hin, verlangt daher volle Ausrüstung!

Um ehrlich zu sein: Zwischendurch machte der Regen Pausen, nämlich dann, wenn auch wir Pause machten. Da war er ganz bei uns. Wie gesagt, ein Luder, ein hinterhältiges, das uns alles zu Fleiß machte. Aber da hat er sich getäuscht. Weil die beste Geschichte ist nur deshalb passiert:

Bei Sonnenschein hätten wir nie auf der Erlach Alpe um ein trockenes Stündchen gebeten. Also wären wir auch nie in der gemütlich verrauchten Stube gesessen und hätten nie zur Packerlsuppe, die man uns eilig gerichtet hat, Brot und die Geschichte der drei Alp-Bewohner serviert bekommen. So aber hat Alphirte Werner, ein Südtiroler, erzählt, dass er und seine Anja, eine Schweizerin, heuer zum ersten Mal die Erlach Alpe führen. Den Job habe er im Internet gefunden, da gäbe es eine Seite, auf der die guten Almen schnell weg seien. Die Erlach sei aber auch sehr gut, mit ihren 58 Rindern, die rund 800 Liter Milch am Tag geben. All das belauschte neben uns der abseits sitzende Christian, ein dunkler

LA 399 BA

großer Typ in Flip Flops, Jeans und mit einem großen, großartigen Lächeln ausgestattet. Er ist aus Venezuela, war lange in Spanien, spricht gut Englisch und ist jetzt für diesen Job hier. Nämlich Alphelfer. Als Christian mitsamt seinem Lächeln rausging, um doch Gummistiefel für die Arbeit zu holen, entschuldigte sich Werner für die schmutzigen Teller. Die habe der Halbe abgewaschen. So nennt er den Knecht aus Caracas, denn eine Alm in dieser Größe sei auch zu zweit zu schaffen, so seien sie halt »zweieinhalb«. Werner sagte das nicht böse. Eher so, wie man eine solch skurrile Szenerie vertont, in der ein Italiener, eine Schweizerin und ein Venezuelaner auf einer 1900 Meter-Alm in Österreich Sommerdienst verrichten.

Der direkte Weiterweg auf die Leutkircher Hütte war übrigens nicht begehbar, Schneefeld im Geröll. Sonst schaffe er diesen Weg in eineinhalb Stunden, sagte Werner. Aber auch der Umweg sei kein Problem, sogar »mit dem Rollstuhl machbar«. Es stellte sich heraus, dass das nicht stimmt. Aber ich nehme Werner das nicht übel. Denn auf der Leutkircher wirklich oben war er noch nie. Sagte er auf Nachfrage.

Tag 6

Lech – Rüfikopf (per Seilbahn) – Stuttgarter Hütte – Erlach Alpe – Bodenalm – Leutkircher Hütte. Neun lange, aber machbare Gehstunden. Bricht man von Lech aus auf, empfiehlt sich unbedingt die Fahrt mit der Seilbahn auf den Rüfi Kopf, damit spart man knapp 1000 Höhenmeter und gute drei Wanderstunden. Der Tag wird auch so lang genug. Die Strecke ist durch viele Höhenmeter rauf und runter durchaus anspruchsvoll, aber nie besonders schwierig. Das ist vielleicht anders, wenn der direkte Weg von der Erlach Alpe zur Leutkircher Hütte offen ist. Dafür spart man dann einen ziemlichen Umweg und hat mehr Blick für das Wesentliche – den Berg. Auf die Einkehr in der urigen Erlach Alpe sollte man aber dennoch nicht verzichten.

Ich vermisse Hund Niko Poldi.

Die Mutigen sind alle schon im Himmel

Regen, geh endlich nach Hause! Langsam zerfließe ich in gepflegter Zermürbtheit. Ich habe das heute beim leichten Spaziergang für mich so erklärt: Die drei Feindelemente der Wanderung sind Schweiß, Adrenalin und Wasser. Mit der schweißtreibenden Anstrengung komme ich zu Recht, wie gesagt, die Gelenke halten, was die Muskeln versprechen. Das Adrenalin bei steilen und schwierigen Stellen halte ich mit Testosteron-Salven in Schach. Aber Wasser attackiert an drei Fronten: Mit Blasen an den Füße, mit Kälte und Starrheit an den Knochen und mit der Rutschigkeit des Untergrundes. Schon gut, ich höre auf zu jammern. Nur ein Satz noch: Grauslich daran ist die Routenumplanerei, die ständigen Rauf und Runters,

Tipp des Tages:
Die Kaspressknödel-Suppe auf dem Kaiserjochhaus!

weil ich gewisse Wegstücke im Zweifel lieber nicht gehe. Wer jetzt Weichei sagt, hat wahrscheinlich recht. Aber wie sagen meine Freunde von der Bergrettung so gerne: »Die Mutigen sind alle schon im Himmel.« Ich habe mich damit abgefunden, dass die Lechtaler Alpen (der gewaltigste und sakrischste Gebirgszug meiner Wanderung) bei diesem unbeständigen Wetter nicht ohne Modifikationen zu machen sind. Zumindest für mich nicht.

Tage 7 und 8

Leutkircher Hütte – Kaiserjochhaus – Abstieg nach Kaisers – Bus nach Bach (im Lechtal, das ist übrigens echt unbetastet, na, bitte nicht widersprechen, oder wem wären die Orte Kaisers und Bach bei »Stadt, Land, Fluss« eingefallen?) Viereinhalb Gehstunden. Die Strecke zwischen Leutkircher Hütte und dem Kaiserjochhaus hat es durchaus in sich, auch wenn Einheimische sie als »eher schmierig als schwierig« bewerten. An einigen Stellen ist es besonders bei Regen so rutschig, dass der Weg zur Herausforderung wird und Fehltritte fatal enden können. Es ist ein echter Bergweg. Der Abstieg nach Kaisers ist anfangs steil, aber ungefährlich.

Entscheidet man sich für diese Umgehungsstrecke, wobei man die ausgesetztesten Stellen der Lechtaler und die Ansbacher Hütte auslässt, kann man am nächsten Tag von Bach aus mit dem Bus-Taxi ins Parseiertal fahren und in rund zweieinhalb unaufgeregten Gehstunden zur Memminger Hütte aufsteigen.

Hund Niko Poldi, ich vermisse dich.
Aber es ist besser für dich,
diese Wege nicht zu gehen!

Folgende Doppelseite: Berge rund um die Memminger Hütte

Über die alpine Gleichheit des Menschen (Teil eins)

Berge sind in Stein ruhende Toleranz. Sie hüpfen weder mit Demonstrationsplakaten noch vor Parlamenten herum, sie maßregeln die Intoleranten nicht. Sie sind nur. Und sie sind tolerant. Auf eine derart unprätentiöse Weise, Lessing muss seine Ringparabel in den Bergen geschrieben haben. Es ist den Bergen völlig wurscht, wer auf ihnen latscht. Wer von ihnen fällt oder sich mit ihnen rühmt. Wer auch immer sie bezwingen mag, die Berge merken gar nichts von diesem Kampf. Sie müssen sich nicht einmal rühren, um solche Menschen abzuwerfen.

Tipp des Tages:
Alte Wege neu entdecken statt dem Mainstream zu folgen.

Das färbt ab. Auch die Menschen werden in den Bergen gleicher. Der eine ist farbig, der andere Zimmermann. Die eine hat Geld, die

andere schon drei Achttausender bestiegen. Sie sind alt oder viel zu jung. Siehe Memminger Hütte. Da übernachteten gestern rund 120 Menschen. Ja, das ist eine Menge. Auf dieser Hütte kreuzen sich der Europäische Weitwanderweg 4 *(der in Österreich entlang meines Weitwanderwegs 01 verläuft)* und der E5: Oberstdorf–Meran in sechs Tagen. Und wie soll ich sagen, die Wiener Südosttangente ist dagegen einsam. Nein, ich weiß auch nicht, ob es eine echte Gaudi ist, im Gänsemarsch die Alpen zu überqueren, da müsste man Hannibal fragen. Aber das ist jetzt gar nicht das Thema.

Das Thema sind zum Beispiel die vier hannoveranischen Jugendkinder zwischen 10 und 19, die spät abends, waschelnass die Memminger Hütte erreichten. Ich kannte die Gesichter, sie waren am Vorabend auch in Bach (Lechtal). Dort hatte ich mir schon

Geschichten zu ihnen überlegt: Pfadfinder, Jungschar, mit den Eltern im Urlaub und für zwei Tage auf Erkundungstour. Für etwas Aufregenderes hatte die Szene nicht gereicht. Ein Zehnjähriger, eine 13-jährige, dazu ein Bursche und ein Mädchen, die beide wie 16 aussehen, alle mit Rucksäcken, an denen Blechhäferl baumeln.

Auf der Memminger erzählte mir Julia, dass sie schon 19 und wie die Lage wirklich ist: »Die beiden Kleinen und ich sind Geschwister, er *(der tatsächlich 16-jährige)* ein Freund von uns. Wir gehen einen Monat, bis Verona.« Auf meinen verwirrten Blick gepaart mit dem gestammelten Wort »Eltern« sagte sie weiter: »Ich musste

sie fast ein halbes Jahr überreden.« Ja, aber, äh, ich meine, na sag mal, bearbeiten 19-jährige Mädchen ihre Eltern sonst nicht eher wegen einer USA-Reise, einer Schauspielausbildung oder eines festen Boyfriends, der in einer Dark-Heavy-Gothic-Metal-Band spielt? »Ja sicher. Aber die Berge sind doch toll.« Julia sagte das wie nebenbei.

Andere Jugendliche auf der Memminger Hütte waren aus sozial schwierigen Verhältnissen, auch auf dem Weg über die Alpen und Protagonisten einer *arte*-Doku. Dem dazugehörigen Kamerateam gehörte auch ein Farbiger an. Der plauderte lange mit den beiden ellenlangen, drahtigen Holländern, die vor dem Essen Schach spielten und danach von ihrer Wanderung erzählten: Amsterdam-Rom. Warum? Warum nicht! Die beiden waren an dem Abend die Surferboys und wurden auch so umschwärmt. Nur die beiden Rumänen schauten nicht verliebt auf sie, ich glaube, die wollten ein biss-

chen von der Ehrerbietung haben. Aber mit »sechs Tage durch die Lechtaler« eroberst du auf der Memminger Hütte bestenfalls den Kameramann von *arte*. Das muss die beiden Rumänen demotiviert haben, denn am nächsten Tag wollten sie auch bis zur Steinsee Hütte, aber abends habe ich sie dort nicht mehr gesehen. Egal, ich unterhielt mich dort stattdessen sehr eingehend und interessant mit dem Deutschen über den Zustand des Journalismus. Was er denn mache? »Etwas ganz einfaches: Zimmermann.« Er ging am folgenden Tag klettern und reagierte auf meine Sorgen über ausgesetzte Höhenwege wie die meisten: mild, aber mit ein bisschen »kein Problem«.

Tag 9

Memminger Hütte – Oberlahms Joch – Alblitjoch – Gufelgrasjoch – Steinsee Hütte. Sieben Gehstunden. Wir nahmen diese Alternative zum Hauptweg, weil mein Mitwanderer Laszlo an dem Tag die ausgesetzten Stellen zwischen Memminger und Steinsee Hütte meiden wollte. Herausgekommen ist eine wunderschöne Wanderung auf durchwegs ungefährlichen, kaum mehr begangenen Wegen und unfassbare Abgeschiedenheit: Wir trafen nur zwei Menschen, dafür achtzehn ausgewachsene Steinböcke. Sie ließen mich bis auf sechs Meter an sich heran, wir saßen uns zwanzig Minuten gegenüber. Berührend.

Hund Niko Poldi,
du hättest die Steinbock-Herde vertrieben.
Aber ich vermisse dich trotzdem!

Über die alpine Gleichheit des Menschen (Teil zwei)

Bei Hosenschissern wie mir stößt selbst die montane Toleranz an ihre Grenze, wie manche Ätzer beweisen. Dabei habe ich es so klar gesagt: Ich gehe wandern. Das ist in meinem Gedankenlexikon: *»Wandern, das. Begehen der Berge auf Wegen, die Platz für beide Füße bieten und aufrechtes Stehen und Gehen erlauben.«* Punkt, punkt, punkt! Und was soll ich sagen: Der Abend auf der Anhalter Hütte gab mir auf traurige Art recht. *(Wo ich übrigens ein vergnügliches Dinner mit den beiden Schwaben Helmut und Christof hatte. Die zwei sind Freunde und ehemalige Kollegen, aber in manchen Dinge so unterschiedlich, dass das Gespräch etwas von Kabarett hatte: Da Helmut, der pragmatische*

> **Tipp des Tages:**
> *In der Steinseehütte übernachten, an der Hanauer Hütte vorbeigehen, sich dazwischen auch als Wanderer durchaus über die Dremelscharte trauen.*

Vordere Dremelscharte

Familienmensch mit ausgeprägter Konsensneigung, dort der investigative No-Kids-Fan Christof mit dem Drang zum widersprechenden anderen Standpunkt.)

Die unglaublich lebensfrohe und freundliche Hüttenwirtin Carmen *(es geht nicht anders: Prädikat abgedrehte Nudel)* ist Hamburgerin und vor 21 Jahren wegen eines Pitztalers nach Tirol gezogen. Die Fotos von ihm, mitten im Speisesaal, zeigen den Vollbärtigen als echten Alpinisten, wie ein Double von Reinhold Messner. Auf hohen Gipfeln steht er, das mutig Alpinistische ihm ins Gesicht geschrieben. Unter einem Foto steht »2002« und »Lawine«. Da hörte ich zwischen all dem Menschenlärm im Saal die Radionachrichten: »Nanga Parbat« und »Österreicher vermisst«. Und der tolerante Hosenschisser in mir dachte sich: Mit mir nicht, liebe Berge, nur mit den Anderen, nicht mit mir! Auch weil er in diesem Moment noch nicht wusste, dass er am nächsten Tag ungewollt und verzweifelt in einem Erdhang hängen und die Berge sagen hören wird: »Anders? Ha, ihr seid doch alle gleich!«

Hinterberg Sattel

Tag 10

Steinsee Hütte – Vordere Dremelscharte – Hanauer Hütte – Boden – Hahntennjoch – Anhalter Hütte. Abenteuer Scharte, Gaudium Schneefeld-Abstieg, Spazierweg: Sechs Gehstunden. Aus dem Hochkessel rund um die Steinsee Hütte kommt man auf Wanderwegen nicht weiter, der einfachste Ausgang ist die Dremelscharte. Vor der braucht man sich nicht zu fürchten, sie verlangt allerdings den Einsatz der Hände. Ab dann wird der Weg zunehmend einfacher, allerdings recht lang, wenn man wirklich bis zur Anhalter Hütte geht.

Tag 11

Anhalter Hütte – Hinterberg Joch – Tarrenton Alm – Tegestal – Fernstein – Biberwier. Schöne Wanderung mit dem Hang zum gepflegten Irrweg: Dreieinhalb Gehstunden bis ins Tegestal, dann noch fünf bis Biberwier. Tipp des Tages: Manchmal kommt man mit jedem weiteren Schritt dem Verderben näher als dem Ziel. Zur Erklärung: Kurz vor dem Hinterberg Sattel endet der Weg in einem grauslichen Erdhang ohne Halt.

Ich habe mir dort einen ordentlichen Adrenalinschub abgeholt und schlussendlich einen urdreckigen Hosenboden, weil ich den Hang nach unten abrutschen musste. Motto: Abrutschen statt ausrutschen. Die Einheimischen haben diese Stelle später als »berüchtigte schwarze Erd, da kugeln immer wieder ein paar runter« beschrieben. Ah ja.

***Hund Niko Poldi, ich vermisse dich.
Aber so sehr dir der Schnee heute getaugt hätte,
so übel hättest du mir das Geröll genommen.***

Zu den folgenden beiden Ruhetagen 2 und 3 im Hotel Cube in Biberwier ist nur zu sagen: Wenn die Waschmaschine nicht funktioniert, ärgere dich nicht alleine. Sondern mit dem hessischen Pärchen ohne hessischen Akzent.

Und ewig lockt das Häusl

Ich habe lange überlegt, ob ich über meine erotische Ausstrahlung oder Stuhlgang schreibe, beides Abfallprodukte meiner Langwanderung. Ich hatte gestern viel Zeit zu überlegen, den ganzen langen Weg von Biberwier nach Leutasch. Der ist nämlich in der Tat ein »leichter Spazierweg«, also ohne Ablenkung, erinnert er doch in Gefälle und Ebenmäßigkeit an den Trott einer Einkaufsstraße. Das Publikum ist dementsprechend mehr Kinderwagen und Krückstock, was ich wirklich genossen habe: Nach all den Lechtaler Fexen endlich Menschen, die in die Berge gehen, ohne ihre Grenzen im Tal zu lassen. Die genau dort sind, wo sie hinwollen. Und hingehören: An die Füße der Berge, zwischen Mieminger Kette und Wettersteingebirge statt obendrauf. Menschen, die keinen Gipfel brauchen und erkannt haben, dass ein Berg auch von 1400 Höhenmetern aus imposant aussieht.

> **Tipp des Tages:**
> *Die Touristenbastion Ehrwalder Alm schnell verlassen! (dort wird gerade der Stausee vergrößert: »Wir bauen für Sie das neue Ausflugsziel.« Aaaaaargh!) Dafür Zeit reservieren, um kurz vor Leutasch die Füße in die gleichnamige Ache zu hängen. Paradiesisch!*

Für das Thema »erotische Ausstrahlung« spricht die immer wiederkehrende, gleiche Begebenheit: Ich überhole Wanderer und vor allem -innen, als ob sie stünden. Ach was, als ob sie langsam rückwärts gingen. Wenn ich so an ihnen vorbeifliege, merke ich weibliche Blicke in meinem Sog. Erzähle ich von meinem brachialen 1000 Kilometer-Weg, schlagen Frauen auf der Hütte stellvertretend für ihr Dekolleté die Augen auf. Ihre bewundernden Fragen verleihen mir Heldenhaftes. Dabei rücken sie langsam, nur ein wenig aber doch deutlich, von ihren mitwandernden Männern ab und degradieren sie zu Nebendarstellern. All diese Indizien meiner gewonnenen Unwiderstehlichkeit sind für das Publikum kaum zu merken, für mich aber mit jedem zusätzlichen Tag meiner sexuellen Abstinenz deutlicher. Und es kümmert mich gar nicht, ob das vor allem an meinem schweißnassen T-Shirt liegt oder an meiner Schmutzigkeit. Ob es der intellektuelle Weitblick ist, der mich umgibt oder der testosteronschwangere Dunst.

Als ich dann über die planierte Forststraße an Almen vorbeizog, schien mir sogar eine Kuh nachzuschauen. Eine besonders schöne,

mit besonderen Augen. Mit großen, lüsternen Augen. Da dachte ich in mir, es gibt bessere Themen: Dauergehen, werte Leserin, treibt Stoffwechsel und schlussendlich Stuhlgang zu ungeahnter Regelmäßigkeit. Bis zu zwei Sitzungen pro Tag. Unwiderstehlich.

Tag 14

Biberwier – Ehrwald – Gaistal – Leutasch. Idyllischer Spazierweg zwischen Wettersteingebirge und Mieminger Kette, eignet sich für Mountainbiketouren und Familien: Fünfeinhalb Gehstunden, alleine macht man außerdem weniger Pausen. Alles in allem ein zu einfacher, dafür aber Kinderwagen-tauglicher Weg.

Hund Niko Poldi, ich vermisse dich. Das wäre heute deine Strecke gewesen: Viel Bach, kaum Stein!

Patsch!

Meine Zu- und Abneigungen gegenüber verschiedenen Tieren haben sich verschoben. Früher waren mir solche unsympathisch, die einen größeren Kopf haben als ich. Vor allem Pferde und Kühe. Wer weiß schon, was die sich in dem großen Kopf denken, da ist sicher allerlei drin. Kombiniert mit ihren starren, großäugigen Blicken, die immer von der Seite daherkommen, entwuchs daraus ein gewisses Befinden. Wobei »unsympathisch« übertrieben ist, weil es ein Gefühl impliziert. Sie waren mir nur suspekt.

Tipp des Tages:
Einheimische Wegzeiten kritisch hinterfragen!

Das hat sich geändert. Kühe sind lieb gewordene Markierungen am Weg. Wo Kuh ist, ist Alm und Almen sind auf der Karte immer eingezeichnet, da weiß man, wo man ist. Pferde sind da ein bisschen unterprivilegiert, die kann man nicht immer zuordnen. Aber auch das wurde besser.

Den Platz des unnötigsten, unsympathischsten und unfassbar penetrantesten Tieres hat sich derweilen die gemeine, urgemeine Bremse erbissen. Auf dem Waldweg zwischen Leutasch und Scharnitz *(den ich demnächst übrigens mit meiner Leutascher Vermieterin gehen will, die dafür nur eine Stunde veranschlagt. Pah! Es sind zweieinhalb, ohne Trödeln)* haben die Bremsen ordentlich Gas gegeben: vorne Bremsen, hinten

Folgende Doppelseite: Larchetalm, Karwendeltal

Bremsen, auch auf der Hand Bremsen. Ekelhaftes Getier aus der Familie der Fliegen. Mitten im Heiligen Land Tirol sehe ich das so: Gott schuf die Fliege und der Teufel hat sie mit schmerzhafter Hinterhältigkeit versehen.
Ich mag die Kühe lieber.

Tag 15
Leutasch – Hoher Sattel – Scharnitz – Larchetalm (Karwendeltal). Vier Gehstunden. Der Weg verläuft durchgehend auf der Forststraße, auf den Hohen Sattel hinauf ist er zu steil für einen Kinderwagen, sonst durchaus dafür geeignet. Besonders das Karwendeltal eignet sich auch für Mountainbiker, Familien und Wander-Anfänger, auch der Kulisse wegen. Schöne Berge, weiße Steine, eine unfassbar klare Ache. Die Larchetalm bietet wenig Schlafplätze, für die man auch nicht heikel sein darf. Aber es ist ein unfassbar ruhiger Ort in der Natur.

Hund Niko Poldi, ich vermisse dich.
Dich alten Fliegen-Fänger.

Larchet Alm
Zimmer · Betten · Dusche
Brauerei Mittenwald

Heldentypus Halbschuhtourist

Viele haben gesagt, die Wanderung werde mich verändern. »Aber nein«, blieb ich stur, wo ich doch auf dem esoterischen Ohr eh so derrisch bin. Aber das Karwendelgebirge hat mich hörend gemacht, vielleicht weil es dort so still ist, dass man seine innere Stimme endlich wahrnimmt. Und ich habe eine Erkenntnis gewonnen. Nicht, dass man jetzt glaubt! Die Erkenntnis ist mir nicht erschienen wie ein brennendes Lamm auf dem Jakobsweg. Sie ist langsam gereift, irgendwo auf der disneylandhaften Forststraße ins Karwendeltal hinein. Oder auf den sanften Höhen und unaufgeregten Tiefen des Kleinen oder Großen Ahornbodens. Oder als ich im Schatten der mächtigen Felswände der Karwendelkette stand.

Tipp des Tages:

Wer vom Karwendelhaus zur Falkenhütte geht, möge den kleinen Hang-Steig oberhalb des Kleinen Ahornbodens wählen. Das spart nicht nur Höhenmeter, sondern versetzt in eine andere Welt …

Spätestens aber, als ich mit dem furchtbar netten bayrischen Ehepaar auf dem Hochleger der Gramaialm ins Plaudern kam. Sie haben meinem unreifen Gedanken einen Namen gegeben, haben ihn »griabig« genannt, frei übersetzt »gemütlich«, und die Erkenntnis war da: *Das wichtige am Gehen ist das Stehenbleiben, das Niedersetzen, das Umschauen.* In der Welt meiner Wanderung macht diese Erkenntnis das Kilometerfressen sinnlos, den ständigen Blick auf die Karte, ob das Tagesziel er-

reichbar ist. Die Höhenmeter auf dem GPS und die absolvierten Stunden auf der Uhr sind nur Vehikel, Werkzeug. Für den Blick, für die Pausen, für den Weg. Der ja eben das Ziel ist.

Das wäre als Erkenntnis zu abgegriffen. Darum übersetze ich das einmal in die Welt meines Alltags: Nicht Geld ist das Ziel, sondern die Arbeit, bei der man es verdient. Nicht der Studienabschluss, sondern die Inhalte, die man auf dem Weg lernt. Nicht die große Wohnung, sondern das Planen und Einrichten. Nicht der Verzehr des gemeinsamen Essens, sondern das gemeinsame Kochen. Das könnte als Erkenntnis taugen. Und schwups waren plötzlich die Innehalter und Sichumschauer meine neuen Ikonen: Eine Stunde nach dem Gramaialm Hochleger kam ich zur Gramaialm im Tal. Die ist ein Ausflugsziel, da würde jeder Vergnügungspark vor Neid kollabieren. Und die Besucher, wie sie in ihren weißen Straßen-

schuhen und ihren bunt bestickten Jeans aus ihren klimatisierten Komfortbussen steigen und nur wegen der Bewölkung ihre extragroßen Regenschirme aufspannen, würde ich sonst belächeln, bedauern, verabscheuen. Aber jetzt nicht mehr: Sie kultivieren das Innehalten, sie pflegen den Ausblick, sie ersetzen den Weg gänzlich durch das Ziel.

Wow, wow, wow!

Tag 16
Larchetalm – Karwendelhaus – Falkenhütte – Eng Alm. Knappe acht Gehstunden. Das Karwendelgebirge als Ganzes ist wunderschön. Meine Wege waren alle unbedenklich, für jeden Wanderer zu machen, oft sind auch Mountainbiker unterwegs. Einzig der Abstieg zur Engalm hat sich nach dem langen Tag als mühsam erwiesen, weshalb die Tour bis zur Falkenhütte auch reicht, außerdem liegt die sehr schön. Die Engalm ist dafür angeblich Europas größtes Almdorf, nur von Deutschland aus zu befahren und ein touristischer Magnet.

Tag 17
Eng – Binsalm – Binssattel – Gramaialm – Falzthurn – Pertisau – Maurach. Fünf ambitionierte Gehstunden. Vorab: Die Binsalm und ihre Chefin waren sehr nett. Der Steig zum Binssattel ist dann durchaus steil und recht schmal, der Rest des Weges ist problemlos. Aber: Ab der Gramaialm sollte man wirklich mit dem Bus fahren, nach den Tagen im Gebirge und den spannenden Wegen ist Asphalt eine Qual. Außerdem versäumt man wirklich nichts!

Mich plagen Schuldgefühle gegenüber
Hund Niko Poldi, seit ich den Achensee seh.
Er würde so gerne darin schwimmen.
Also arbeite ich auf Hochtouren an einer
Transportmöglichkeit für ihn. Zu mir her.

Big Berge, Big Talks

In den Bergen ist die Luft für Smalltalk zu dünn. Das passt gut für mich, weil ich solches Sinnlosgerede auf Wiener Sinnlosveranstaltungen manchmal nach einer Minute mit den Worten »Das ist ein Scheiß-Gespräch, nicht wahr?« beende. Mein Gegenüber schaut dann eigentlich immer böse, ganz so, als ob es nicht der gleichen Meinung wäre. Lächerliche Situationen sind das.

> **Tipp des Tages:**
> *Unterschätze nie die Macht der monotonen, erschlagenden, demotivierenden und die Füße stets an denselben Druckstellen belastenden Forststraße. Weite ohne Ausblick ist des Wanderers jüngstes Gericht.*

In den Bergen braucht es kein verbales Warmwerden. Nach »Griaß di«, »Servus« oder »Hallo« geht es immer gleich zur Sache. Gestern nämlich so: Ich *(steige in den Bus, der mich von Achenkirch nach Steinberg fährt, ein Minibus mit neun Sitzen, ich der einzige Fahrgast)*: »Servus!« Er *(der Busfahrer, legt die Zeitung weg)*: »Hallo!« Ich: »Wann fahren Sie denn?« Er: »Ich bin Anton, wohin musst du?« Ich: »Nach Steinberg.« Anton *(fährt los)*: »Wohin genau?« Ich: »In die ASI-Lodge. Kommen wir da noch bei einem Supermarkt vorbei?« Anton: »Nein. Aber was brauchst du?« Ich: »Batterien.« Anton: »Musst du mir genau sagen, welche. Ich kann sie dir besorgen und dann um fünf Uhr ins Hotel bringen.« Ich: »Äh, wirklich?« Anton: »Ist kein Problem *(reicht mir einen Apfel)*. Gerade ist nicht viel los, da habe ich Zeit. Wohin gehst du?« Ich: »Von Bregenz bis Wien, morgen bis Kufstein. Du bist nicht von hier, oder?« Anton: »Nein, Kroatien.« Ich: »Aber schon lange hier? Du sprichst gut deutsch.« Anton: »Ja, seit zwölf Jahren. In Kroatien bin ich nur einen Monat im Jahr.« Ich: »Und deine Familie ist auch hier?« Anton: »Ich habe nur Mutter und Bruder und so. Aber keine

Frau.« Ich: »Wieso nicht?« Anton *(atmet langsam und tief aus)*: »Ach, weißt du: Ist nicht leicht. Verdiene nicht viel, ist schwierig *(hebt die Hand und zeigt geradeaus)*. Da schau, das ist ASI-Lodge. Und hier in Steinberg leben ungefähr 295 Menschen. Und das ist das Dorfwirtshaus, Waldhäusl. Und hier ist die Feuerwehr.« Ich: »Du kennst dich gut aus.« Anton *(lächelt)*: Ja, habe ich einmal Bürgermeister hergeführt. Der ist ein netter Mensch, war der jüngste Bürgermeister Österreichs, als er begonnen hat. Und der hat gesagt, wenn mich jemand über Steinberg fragt, soll ich das erzählen.« Ich *(schon beim Aussteigen, bedeutsam)*: »Danke, Anton. Und danke, dass du mir die Batterien besorgst.« Anton *(gibt mir noch einen Apfel)*: »Ah, gerne. Und pass auf dich auf. Wenn Gewitter ist, schalte Navigationsgerät aus. Wegen Magnetfeld.« *(Lächelt offen, fast bedeutsam.)*

Am Sonntag wanderte ich dann die bislang mühsamste Etappe, stundenlang nur Forststraße. Und was soll ich sagen: Erstmals zog sich der Weg und mir gewaltig den Nerv. Aber so ging ich mich erstmals in Trance. Jetzt verstehe ich, warum die Menschen am Jakobsweg alle irgendwann einen brennenden Dornbusch oder Erscheinungsäquivalent sehen: Die Ödheit macht dich einfach wuggiwuggi. Ich beschloss, nie den Jakobsweg zu gehen. Eine Erscheinung hatte ich trotzdem, eine handfeste. *(Szene: altes Wochenendhaus mitten im Wald, davor Auto mit Münchner*

Kennzeichen. Eine junge Schäferhündin läuft mir entgegen, wild bellend.) Ich *(unsicher)*: »Ja hallo, bist du eine Liebe?« Hündin bellt unbeirrt. Ich *(motivierend)*: »Sicher bist du eine Liebe!« Er *(bayrischer Akzent, aus dem Off)*: »Flora, gib a Ruh!« *(kommt um die Ecke)* Die tut nix, will nur g'streichelt werden.« Ich: »Ah so. *(streichle Flora)* Schön haben Sie es hier.« Er: »Ja, ich bin ja schon seit zwanzig Jahren da. Wo sind Sie her?« Ich: »Aus Wien.« Er: »Da ist mein Sohn gestorben. Da war er 34 Jahre alt. Herzinfarkt.« Ich *(sprachlos)*: »…« Er: »Vor fünfzehn Jahren. Heuer wäre er fünfzig geworden.« Ich *(unbeholfen)*: »Au weh. Ihr einziges Kind?« Er *(auch unbeholfen, blickt in die Luft)*: »Die Tochter hat sich von uns abgewendet. Weil meine Frau liegt im Heim, sie hat

Alzheimer, kennt mich gar nicht mehr richtig. Und seit es ihr so schlecht geht, hat die Tochter den Kontakt eingestellt.« Ich *(völlig sprachlos)*. Er: »Naja. Aber ich bin im Sommer halt viel da.« Ich: »Ist schön da.«
Die Menschen reden in den Bergen, wenn sie etwas zu sagen haben. Weil sie etwas zu sagen haben.

Tag 18
Maurach – Steinberg am Rofan mit dem Bus. Denn als ich in der Früh aus dem Fenster sah, hat es geschüttet, als ob Wasser nix wert wäre. Ab 1400 Meter aufwärts dominierte Nebel, aus dem nur wenige Bergspitzen hervorblitzten. Sie waren schneebedeckt. Bei dem Wetter kann man das Rofan-Gebirge samt Abstieg über einen seilversicherten Steig nicht überqueren. Ich zumindest nicht.

Tag 19
Steinberg am Rofan – Hinterbergweg – Pinegg – Kaiserhaus – Riedenberger Wiesen – Kranhof – Modal – Mitterland – Thiersee – per Anhalter nach Kufstein. Zehn Gehstunden. Diese längste Etappe ist nicht nur wegen der über 40 Kilometer eine Herausforderung. An sich kann man sie zwar mit dem Kinderwagen gehen, weil man ausschließlich auf Asphalt- und Forststraßen wandert, aber gerade das zieht sich gewaltig, auch weil man im Wald kaum Ausblick hat. Wer aber eben solche Waldstücke mag, fühlt sich hier sehr wohl. Trotzdem empfiehlt sich eine Verkürzung der Etappe, womöglich nur bis Thiersee, wo es wirklich lieblich ist. Am nächsten Tag kann man getrost den Bus nach Kufstein nehmen. Auch weil Kufstein weniger Quartiere bietet, als man annehmen möchte.

Trommelwirbel:
Morgen kommt Hund Niko Poldi wieder.

Der Weihnachtsmann trägt Batik

Von der Gegend um Kitzbühel kann man halten, was man will, aber das Liebliche kann man ihr nicht absprechen. Diese geschnitzten Hausfronten, diese Grünheit der Wiesen, das Funkeln und Glitzern in den Gassen – Kitzbühel ist wie »Disneyland«, wenn es Hansi Hinterseer ausspricht. Hier, wo Fiona die Gütige sich wohl fühlt, neigt man zum Glauben an das friedvoll und problemlos Schöne auf der Welt. Und man ist geneigt, daran zu glauben, dass auch der Weihnachtsmann hier den Sommer verbringt. Obwohl er kein Münchner ist.

Aber ich weiß, dass der Weihnachtsmann diesen Sommer in Scharnitz verbringt, wenn auch nur auf der Durchreise. Ich hatte ihn dort getroffen und genau das fiel mir an meinen Kitzbüheler Rasttagen wieder ein. Er kam damals urplötzlich in das kleine Kaffeerestaurant im Herzen von Scharnitz herein, in dem ich das Ende eines Regens abwartete. Er sagte nicht *Hoho*, sondern *Hello*. Er trug ein batikbuntes T-Shirt am prallen Körper und ein zufriedenes Lächeln im Gesicht, das zu gut zwei Drittel vom weißen Bart verdeckt war. Er setzte sich hin und war von Anfang an freundlich. Und offenherzig. Er sprach mit der mittelalterlichen Besitzerin laut und herzlich. Bestellte sein alkoholfreies Bier und seine Gulaschsuppe, die er später über den Klee loben, aber auch in seinem Bart verteilen sollte. Er sprach die Menschen an. Sie sprachen nicht zurück, diese Offenheit war ihnen suspekt. Dann sprach er mich an.

Santa heiße er, dabei verzog er nicht einmal den Mundwinkel zu einem Lächeln. Europa habe er bereist, immer schon, jetzt wieder, von Rom mit dem Mietwagen über die Schweiz und Deutschland und nun hier über Scharnitz zurück, das müsse er machen, weil er ja nicht wisse, wie lange er noch habe. Seine Mutter habe

er früher, viel früher einmal in die Schweiz gebracht, aus medizinischen Gründen. So toll sei das alles hier, die Menschen so freundlich, dabei lächelte er die Besitzerin an, die suspektiert wegschaute. »Eine 800 Meilen-Wanderung beginnt mit dem ersten Schritt« schrieb er auf mein T-Shirt und dazu Bob Dunlup, wohl der bürgerliche Name vom Weihnachtsmann. Seine Unordentlichkeit schlug sich mit seinen klaren Worten. Er war Landstreicher und Philosoph, stellte alle Lieblichkeit rund um ihn in einen Schatten. Die Liebenswürdigkeit in seinem Blick rang mit den unterlaufenen Augen eines Trinkers. Ja, gut sei es ihm einmal gegangen, ein Hotel habe er gehabt. Aber dann wurde er Alkoholiker und habe alles verloren, »wife, friends, money«. Aber das mache gar nichts, jetzt sei er hier und – er wandte sich Richtung Theke, an der die Besitzerin stand: »Diese Suppe ist unglaublich gut!«
Santa war mehr als ein schräger Typ. Er ist Gammler und Geber, eben für alle da. Und für die Scharnitzer mindestens so sehr wie für die Kitzbüheler.

Tage 20 und 21, *zugleich Ruhetage 4 und 5*
Bei Freunden in Kitzbühel. Die haben für mich gegrillt, ich habe meine Wäsche gewaschen und wieder einmal ein bisschen soziales Leben inhaliert, von »Grey's Anatomy« bis Zeitung im Kaffeehaus.

Hund Niko Poldi? Ist back on the Route.
Wir feuern ihn an, wir fiebern mit seinen Pfoten,
wir wünschen ihm das Beste!

Dialog im Dunkeln

An sich wollte ich heute schreiben, dass der nun dominierende Sonnenschein natürlich auch Probleme beim Wandern macht. Aber, ganz genau: Das darf sich einer, der seit drei Wochen über das schlechte Wetter jammert, nicht erlauben. Idee zwei war eine Hommage an das wunderschöne und erst seit kurzem erschlossene Kaisertal, etwa so: Alle schönen Täler auf meinem Weg scheinen mit K zu beginnen, von *Karwendeltal* bis *Kroßes Walsertal*. Sie sehen schon: Da wäre ich nicht weit gekommen, rein humoristisch.

Tipp des Tages:

Einkehr beim Hans Berger Haus, ja. Kaspressknödel-Suppe dort, nein. Jegliche üppige Kost dort, nein, weil der Anstieg zum Stripsenjoch jeden Schweinsbraten als sündigen Fehler entlarvt.

Also habe ich mich nach dem Leeren eines üppigen Rotweinglases zu Bett begeben. Und konnte mich nicht entscheiden: Auf der rechten Seite liegend sah ich aus dem Fenster und Richtung

Westen, wo ich zuvor, bei Sonnenuntergang, die vergangenen Gebirgsetappen wieder erkannte. Auf der linken Seite liegend sah ich nur die Wand, fad genug um einzuschlafen. Genau daran war aber ohnehin nicht zu denken, denn mein Kopf war voll mit folgendem Gespräch.

Rotwein: »Gute Nacht, alle miteinander!«
Sentiment: »Moment noch! Der Blick vorhin auf die vergangenen Etappen war toll. Versteht ihr: Wir haben das Ver-Gangene gesehen. Wow!«
Unterschenkel: »Total super. Gute Nacht!«
Sentiment: »Das Ver-Gangene, versteht ihr!«
Schultern: »Jaja, alle haben es verstanden.«
Augen: »Mir gefällt das. Wir sehen jetzt das Vergangene, in dem wir uns Gott sei Dank nicht vergangen haben.«
Knöchel: »Weil wir sonst beim Vergehen vergangen wären. Schlaft gut!«
Unterschenkel: »Ruhe, sonst komm ich rauf.«
Rotwein: »Guten Abend, gut Nacht.«
Sentiment: »Dann wären wir nie hierher gekommen, was morgen übrigens auch schon wieder Vergangen ist.«
Knie: »Nicht, wenn es hier noch länger laut bleibt.«
Rotwein: »Trink ma noch ein Glaserl Wein.«
Sentiment: »Heut kommen d'Engerl auf …«
Kreislauf: »Meint ihr nicht, dass uns ein wenig Schlaf gut täte?
Sentiment: »Großhirn, dreh ihn nochmal zum Fenster, wegen des Blicks!«
Augen: »Ich glaube, es ist schon zu dunkel draußen.«
Unterschenkel: »Hauen wir das Weichei doch einfach raus!«
Augen: »Und für wen schau ich dann? Du Klotz interessierst dich ja für nix außer Protein.«

Unterschenkel: »Oh Gott, was mache ich hier? Ich geh ein!«
Sentiment: »Ver-Gangen, verstehst du?«
Unterschenkel: »Komm, geh ma vor die Tür!«
Kreislauf: »Ruhig, das löst ja nichts. Aber langsam sollten wir zum Ende kommen, nicht?«
Milz: »Ist die Party hier?«
Knöchel: »Nix Party!«
Sentiment: »Ver-Gangen …«
Unterschenkel: »Es reicht, du fliegst raus! Dann bist du auch vergangen.«
Sentiment: »Jetzt hast du es. He: Er hat es.«
Unterschenkel: »Umpf.«
Großhirn: »An alle: Es reicht.«
Sentiment: »Hihi, Ver…«
Rotwein: »…gang ich zum Brunnen vor dem Tore!«
Magen: »Vorschlag zur Güte: Hauen wir den Rotwein raus!«

Folgende Doppelseite: Blick auf Kufstein

Blase: »Ich bin dabei! Unterschenkel, kriegen wir dich noch mal hoch?«

Unterschenkel: »Dafür schon!«

Knöchel: »Ich geh auch mit!«

Großhirn: »Nix da, liegen bleiben, schlafen.«

Tag 22

Kufstein – Kaisertal – Stripsenjochhaus. Sechs Gehstunden. Herrliche Wanderung durch ein herrlich unberührtes Tal, durch das idyllisch ein Bach fließt. Anfangs eine intensive Steigung von Kufstein hinauf, dann relativ ebenmäßig. Die letzten beiden Stunden zum Stripsenjochhaus sind äußerst anstrengend, die unglaubliche Kulisse des Kaisergebirges entschädigt aber für alles.

Hund Niko Poldi ist super drauf. Und er ist so gescheit: Jede Lacke, jeden Zugang zum Bach nützt er, um seine Pfoten zu kühlen.

Superlativ günstig abzugeben

Der Aufstieg von Erpfendorf über den Gernkogel auf das Straubinger Haus ist von der Sorte »wahrscheinlich der anstrengendste, den ich je gegangen bin«. Und eben das ist multipler Blödsinn. Weil nämlich: Einerseits waren Sie, geschätzter Leser, bei noch keinem Aufstieg meines Lebens dabei, auch nicht beim Erpfendorfer. Und können ihn also genauso wenig nachvollziehen wie alle anderen Axel-biografischen Aufstiege. Andererseits war er natürlich auch nur der anstrengendste meines Lebens, solange ich in ihm verhaftet war, kaum oben, war es halb so schlimm. Was bleibt, ist die zwanghafte menschliche Neigung zum unerklärten Superlativ.

Tipp des Tages:
Schwierige Wege gehen, die Herausforderung suchen.

Immerzu war es »der schönste Urlaub«, »das beste Essen«, »der schlimmste Moment«, »der tollste Sex« ... Dieses unqualifizierte Bewerten treiben dir die Berge aus. Ein Beispiel? Der kometenhafte Aufstieg ab Erpfendorf war idyllisch, weil durch den Wald und über steile Wiesen. Er war voller Überraschungen, weil Bach-Schwimmbecken und verfallene Almhütten. Er war unberechenbar mühsam, weil Hitze ohne Wind. Und ja: Er war unfassbar anstrengend, weil gut 700 Höhenmeter ohne Umschweife. Aber

der anstrengendste? Ob mehr Schweiß floss als bei allen anderen davor und danach? Weiß ich nicht, ist auch egal. Es gilt, sich auf die Eigenschaften zu konzentrieren. Andere Anstiege waren lehmig, verregnet, rutschig, hinterlistig. Was weiß ich, welcher da der mühsamste war.
Worauf ich hinaus will? Deinen beschwerlichsten Weg von gestern kannst du meistens heute gleich in den Erinnerungspapierkorb legen. Deshalb musst du den Dingen einen Namen geben. Und ja, richtig: Das ist wieder so eine Erkenntnis fürs Leben. Statt ein Erlebnis mit der Farblosigkeit eines namenlosen Superlativs kaltzustellen, lieber einmal sagen, wie Urlaub, Essen und Sex genau waren. Nicht nur best- und tollst-. Geben wir unserem Leben Namen und Farben.
Folglich: Der Gernkogel-Aufstieg von Erpfendorf war so anstrengend, wie kerzengerade hinauf eben ist. Ich würde ihm ein sattes Rot geben. Als ich dann auf dem Straubinger Haus saß und der Schweiß getrocknet war, blieben nur die Bilder im Kopf: Blick auf das Unterland, das Kitzbüheler Horn und bis in die Hohen Tauern. Und, ach ja: Abends fegte dann ein Unwetter über uns, wahrscheinlich das schwerste Unwetter meines ganzen Lebens …

Tag 23

Stripsenjochhaus – Kaiserbachtal – Griesenau – Erpfendorf – über Gernalm-Steig zum Straubinger Haus. Sechseinhalb Gehstunden. Der Abstieg vom Stripsenjochhaus nach Griesenau ist unproblematisch, die folgende Strecke nach Erpfendorf tatsächlich besser mit dem Taxi zu bewältigen (Nein, ich gehe keine Straßenkilometer mehr!). Der folgende Aufstieg ist äußerst steil, aber bei gutem Wetter ungefährlich und bietet im Übrigen großartige Ausblicke. Lassen Sie sich daher von den Einheimischen nicht die alternative Forststraße einreden!

Es tauchte die Frage auf, wo Hund Niko Poldi schläft: Der gute Wauwau und ich pflegen derzeit einen Disput um das Thema. Niko Poldi findet, mein Bett ist auch sein Bett. Ich verhalte mich dann wie folgt: Ich blicke ihm streng in die Augen, er schaut interessiert zurück. Damit bin ich meist sicher, dass er seine Lektion gelernt hat und lasse ihn im Bett. Nein, das gehört sich nicht, aber das weiß er ja offensichtlich.

Sicht-Weise

Der Wirt der schnieken Stallenalm grinste das Grinsen des Einheimischen. Er stand in seiner fleckenlosen Lederhose vor uns, ein Flinserl blitzte am Ohrläppchen. Der Klemmerichsteig zur Loferer Alm, das sei kein Weg. Die Forststraße sei bekömmlicher. Wir mögen keine Forststraßen, also gingen wir den Klemmerichsteig. Und wie soll ich sagen: Der blanke Urwald, wunderschön. Genau das suchen Stadtmenschen auf dem Berg. Beschwerlich? Nicht, solange man den Blick hat, wo er hingehört. Zwischen regelmäßigen Schönheitsbekundungen dachte ich über den Wirt nach: Wieso sagen dir die Tiroler im Oberland beim seilversicherten Weg über Felsen, man könne ihn mit dem Rollstuhl rauffahren? Und im Gegenzug wird man hier unterländisch auf die Forststraße verwiesen, sobald der Weg nicht Turnschuh-tauglich ist? Hätte ich mir jüngst nicht den Superlativ an sich verboten, wäre der Klemmerichsteig nun der schönste Weg meiner Alpin-Historie. In meiner Welt gehörte er unter Natur- und Denkmalschutz gestellt und als wahres Naturerlebnis beworben, warum ist er dem Stallen-Chef ein Hindernis? Und dann fiel es mir ein: Wegen des Blickwinkels. Wie das mit neuen Erkenntnissen so ist, wurde diese Antwort alsbald bestätigt. Im großartigen Haus Gertraud auf der großartig gelegenen Loferer Alm. Da saßen wir – meine Mitwanderer Manuela, Michi und ich – nach dem Essen bei der zweiten Flasche St. Laurent. Jaja, das musste einfach sein. Aber darum geht es jetzt nicht.

Tipp des Tages:

Glaube nie einem Hüttenwirt in fleckenloser Lederhose, dass die Forststraße schöner sei. Er meint schlicht »unspektakulärer«. Und: Auf der Loferer Alm sollte man im Haus Gertraud schlafen, des Essens, des Ambientes oder schlicht der Gastfreundlichkeit wegen.

Denn am Nebentisch saß Gertraud-Chef Peter, vertieft in die dritte Flasche Weißwein und ein Gespräch mit seinem Freund. Beide Bayern, beide pfundig. Ich weiß nicht, worüber die beiden davor sprachen, aber dann kamen wir ins Plaudern. Und nach fünf Minuten wusste ich über diese beiden Männer in den bestenserhaltenen 60ern, dass sie seit 46 beziehungsweise 47 Jahren verheiratet sind, vier beziehungsweise fünf Kinder haben und sieben beziehungsweise zwölf Enkel. Die genauen Anzahlen habe ich mir nur so gut gemerkt, wie zwei Flaschen schweren Rotweins es eben erlauben. Aber das weiß ich noch ganz genau: Ich habe die beiden gefragt, was sie zu meiner Generation sagen, wenn sie keine Kinder will, weil dann das eigene Leben vorbei sei. Oder nur eines und das möglichst spät. Noch genauer weiß ich, was sie geantwortet haben: Das kann man niemandem erklären, der sein eigenes Kind noch nicht im Arm hält; dass man nie möchte, dass die Kinder groß werden. Dass sie traurig sind, weil ihre jüngsten Enkel jetzt auch schon sieben sind und jetzt etwas fehlen würde. Dann haben

sie die vierte Flasche aufgemacht und ein bisschen verklärt geschaut. Beide randvoll mit groß- und väterlichem Stolz. Und mit Leben, dass die schummrige Stube nur so gestrahlt hat. Blickwinkel.

Eine liebe Freundin hat an dem Tag noch zu mir gesagt, wie sehr sie sich darüber freue, dass ich die Wanderung wirklich schaffe. Und dass sie schon skeptisch gewesen wäre, körperliche Verfassung und so. Aber sie wisse, warum ich das so durchziehe: Wegen meines Zugangs, mental. Wegen meines Blickwinkels.

Wie soll ich sagen: Was soll ich da noch sagen?

Tage 24 und 25

Straubinger Haus – Steinplatte – Klemmerichsteig – Loferer Alm. Sechs Gehstunden. Die Steinplatte ist ein angenehmes Hochplateau ohne große Steigungen, dafür mit teils tollen Ausblicken auf bayrische Seen und die Loferer Steinberge. Besonders wurde der Weg aber danach, auf dem Klemmerichsteig taucht man in eine eigene Welt ein, ein schmaler Pfad durch echte Natur, Dolinenfelder im Urwald, trotzdem gut zu gehen. Ein Abenteuer für Kinder wie auch für Erwachsene.
Wie im Übrigen am folgenden Tag auch der Wasserfallweg nach Lofer ein Abenteuer ist. Zwei Stunden geht man in den Ort, man kann jedoch getrost ab der Mitte die Gondel, dafür den Weg bis dahin genießen. Denn wer einen Weg geht, der Wasserfallweg heißt, kann unmöglich an der Stelle vorbeirennen, die dem Wasserfall am nächsten ist. Im Gegenteil: Rucksack runter und hinter den Wasserfall gehen, so muss das sein.

Hund Niko Poldi hat seit zwei Tagen nur Frischgekochtes wie Nudeln mit Würstel bekommen. In Lofer gab es wieder einmal Dosenfutter. Er genoss beides.

Wandern ist wie Schokolade

Es häufen sich derzeit die Fragen. Der richtige Zeitpunkt für Antworten.

• Am 22. gewanderten Tag meiner Reise ist dem Himmel der Regen ausgegangen. Es war ganztags trocken. Was wieder einmal beweist, dass Petrus auch nur mit Wasser kocht.

> **Tipp des Tages:**
> *Fleißaufgaben und Weitwanderungen verhält sich wie Schokolade und Chili: anfangs komisch, aber doch irgendwie mmmmh.*

• Die vom Weitwanderweg-Führer vorgeschlagene Tagesetappe Lofer – Ingolstädter-Haus halte ich schlicht für größenwahnsinnig. Selbst wenn man den Weg direkt geht, was wir ob des Naturjuwels Strohwollner Schlucht nicht getan haben, können einem die Füße das am Ende des Tages nicht verzeihen.

• Außerdem bleibt man dann zu kurz in Hirschbichl. Wer dort länger sitzt, wird früher oder später von dem Mann, der einst Dienst am hiesigen Grenzübergang versah, einen gejodelt bekommen. Nein, das kann er nicht und ja, der Mann ist verhaltensauffällig. Aber: Solche Menschen zu treffen, die Mitteilungsbedürfnis und Dachschaden auf solch sympathische Weise vereinen, ist eine Bereicherung. Dachschaden ist zu hart? Der Mann

Folgende Doppelseite: Blick auf Berchtesgadener Alpen rund um Hirschbichl

hat mitten auf der Straße zehnmal einen Skispringer imitiert und dazu »Andi Goldberger« geschrien. Dann hat er gejodelt.

- Über Sex spricht man nicht, nicht einmal in den Bergen. Nur soviel: Zur Brautschau lohnt sich der Aufstieg nicht, weil die Frauen in der Unterzahl, meistens mit dem Mann ihrer Begierde und am nächsten Tag immer weg sind.
- Hund Niko Poldi hat gar nichts gegen Würsteln. Weil ich aber gestern im Ort war, eilte ich in den Supermarkt. Der bot Hundefutter nur in Industriemengen, also kaufte ich für Niko Poldi Katzenfutter. Hund Niko Poldi hat gar nichts gegen Katzenfutter.

Tag 26

Lofer – Strohwollner Schlucht – Hundalm – Leimbichlgräben – Hirschbichl. Fünf Gehstunden. Ich habe beschlossen, einen geplanten Ruhetag in Lofer zu opfern, um die mörderische Neun-Stunden-Etappe Lofer-Ingolstädter aufzuteilen. Dafür nahm ich auf dem Weg nach Hirschbichl einen kleinen Umweg und das Naturjuwel Strohwollner Schlucht mit. Es lohnt sich. Die weitere Strecke über die Hundalm und die Leimbichlgräben ist aufregend und mit tollen Blicken auf die Berchtesgadener Alpen gespickt. Da und dort ist der Weg recht schmal, der Hang abschüssig. Alles in allem aber kein Problem für Wanderer.

***Hund Niko Poldi geht es saugut.
Er liebt den Berg und der Berg liebt ihn.
Was mich begeistert: Er läuft immer ein bisschen vor
zum Gruppenersten, dann wieder zurück, um zu sehen,
ob es allen gut geht. Und gestern dann der Hammer:
Er kommt zurück, ich sitze, um kurz zu rasten.
Er läuft aufgeregt her und schleckt mir das Gesicht ab.
Niko Poldi kümmert sich um mich. Ich liebe diesen Hund.***

Der Heilige Laurentius, ein Einzelheld

So ist das: Am Ende des 27. Tages hatte ich plötzlich zwei Erscheinungen. Zuerst stand Laszlo vor mir. Dieser Laszlo, ein geländegängiger Ungar, hatte mich die ersten zehn Tage begleitet und bog jetzt einfach auf der Terrasse des Ingolstädter-Hauses ums Eck. Laszlo ist einer, der nach Lofer fährt, auch wenn er mich telefonisch nicht erreicht. Der auf den Berg geht, auch wenn er nicht sicher ist, ob er mich dort trifft. Und der durch diese sympathisch sture Überzeugung zur Überraschung des Tages werden kann.

> ***Tipp des Tages:***
> *Eindeutig die Sonnenfelsen neben dem Ingolstädter-Haus. Hinsetzen und bis zum Sonnenuntergang verharren!*

Als wir auf den sonnenbestrahlten Felsen des Ingolstädter-Hauses saßen, erschien uns der Heilige Laurentius. Der ist 27, geht von Klosterneuburg Weidling nach Santiago de Compostella. Jakobsweg ab der Haustüre, ohne Geld, nächtigen bei Bauern, im Rucksack fast nur getrocknete Melanzani. Wenig wunderlich, dass wir mit ihm reden wollten. Hier die Essenz des Gesprächs.

Warum gehst du den Jakobsweg, wenn es doch in Klosterneuburg ein Stift gibt?
»Dort sind wohlbeleibte Chorherren, das ist eher ein finan-

zielles Imperium. Aber ich bin hingegangen, habe es zur Weidlinger Kirche geschafft. Dann bin ich nach Mariazell gegangen. Und jetzt erweitere ich lediglich den Radius. Aber es geht gar nicht um die Kirche.«

Warum dann Santiago und nicht, sagen wir: Novosibirsk?

»Mir hat jemand eine Muschel geschenkt und gesagt, warum gehst du nicht den Jakobsweg? Ich könnte eh überall anders hingehen, aber Spanisch und Französisch liegen mir mehr als Russisch. Ich bin einfach gegangen, zuerst bis Maria Ansbach, dort war mein Kartenmaterial zu Ende und ich hatte dort die letzte Person, bei der ich nächtigen konnte. Dann habe ich mir gedacht: Jakobsweg.«

Dieses Abenteuer des Heiligen Laurentius begann vor Jahren, mit einem Ausflug zum Wilden Kaiser und einer plötzlichen Krankheit ebendort, mit viel Durchfall und dem resultierenden Gereinigt-Sein, mit folgendem zweitägigen Gehen und nur fünf getrockneten Marillen Nahrung am Tag. Mit totaler Entleerung und dem

Kallbrunnalm vor den Lofer Steinbergen

guten Gefühl, nicht gefangen zu sein, in dem *»stagnativen Leben zwischen zwei Häusern, nämlich der Universität für Jazzgesang und der Baustelle eines Hauses, in das einmal die gesamte Familie ziehen soll, insgesamt neun Menschen«*, mit der Idee außerhalb dieser zwei Gefängnisse zu sein.

Was erwartest du dir vom intensiven längeren Gehen, wenn diese zwei Tage schon so erkenntnisreich waren?
»Stabilität. In den zwei Tagen habe ich gemerkt, wie schön es ist, ohne Haben nur zu sein. Ich habe sieben Geschwister und wenn zehn Menschen um einen Gulaschtopf sitzen, lernt man schnell

zuzugreifen. Hier am Weg esse ich an einer getrockneten Marille zehn Minuten.«

Wo willst du ankommen?

»So ein Weg hat viele Komponenten und ich will ihn um keine Komponente beschneiden. Ich gehe ihn nicht, um ihn durchzuhalten, weil ich das die ganze Schulzeit gemacht habe. Ich will ihn voll gehen, das habe ich in der Schule nie gemacht. Und ich möchte also viel mehr auf meine Intuition hören, auf die Frage, ob ich jetzt etwas für den Alltag gelernt habe oder nur, durch die Lande zu gehen? Da geht es auch um Erdung und Rhythmus.«

Was erwartest du dir, wenn du in Santiago ankommst?

(Lacht) »Einen Riesenrummel, sonst nichts.«

Wie heißt der Trieb, der dich zu alledem veranlasst?
»Das totale Raus. Eine Nonne hat einmal gesagt: Weisheit wartet jeden Tag vor deiner Türe.«
Ohne Geld, angewiesen auf Andere, der eigene Weg ohne Kompromisse – dein Gehen strotzt vor Egoismus. Hast du keine Angst, dass deine Freundin sich trennt?
»Ich glaube nicht an Trennung.«
Es reicht, wenn sie daran glaubt.
»Das Lebensmodell in unserer Gesellschaft ist so: Wir gehen zuerst alleine, dann zu zweit und schlussendlich als Gruppe, Familie. Aber vielleicht haben wir bei diesem Modell etwas übersehen. Denn Einzelhelden gibt es nicht mehr.«

Ja, der Bub wirkt gesalbt. Nur das Lächeln verrät den Heiligen Laurentius ein bisschen, wenn einer seine Reise mit »oarg« oder »pfau« adelt. Das gefällt ihm und dann wird er zum Einzelhelden. Er versinkt darin, dieses Fremdbild zu inhalieren. Er verwendet dann Worte wie »Dualität« und sagt Sätze wie »Das Leben ist die Kompensation des Lebens« oder »Der Tod ist die Kompensation des Lebens«.
Spätestens da bin ich auch versunken, im Steinernen Meer. Des Gespräches wegen. Oder des Rotweins. Aber der kompensierte sich ganz durch sich selbst.

P. S. Wir haben den Heiligen Laurentius auf die Übernachtung eingeladen. Und auf ein Essen. Damit hat er sich den Verzehr einer weiteren getrockneten Melanzani erspart. Und wir uns deren Anblick. Der Gesalbte hat es uns gedankt, indem er bei unserem Abmarsch in der Früh für uns gejodelt hat. Das war dann wirklich schön.

Tag 27

Hirschbichl – Kaltwasserstube – Kallbrunnalm – Dießbachstausee – Ingolstädter-Haus. Fünf Gehstunden. Dieser Tag beginnt mit ein paar Stunden Forststraße, der Kallbrunnalm (toller Käse!) und dem freien Blick auf den Großglockner. Nach dem Dießbachstausee beginnt der Weg anzusteigen und vollzieht eindrucksvoll den Wechsel vom Almengebiet in das felsige Hochalpine. Ab der Materialseilbahn des Ingolstädterhauses wird er anstrengend, aber nie unangenehm. Solange man die Strecke bis zum Ziel nicht unterschätzt. Es lohnt sich, früh dran zu sein, denn die Szenerie und vor allem der Blick auf das Steinerne Meer vom Ingolstädter-Haus sind großartig

Was ist schwarz und schläft, sobald wir auf der Hütte sind? Hund Niko Poldi ist müde. Aber er ist noch immer fit und vergnügt, versucht nur seine Kräfte für Schneefeld-Tollereien zu sparen. Außerdem habe ich heute für eventuelle Leitern im Abstieg geübt, den Hund zu Schultern. Ich habe nun eine Schramme im Gesicht und Hund Niko Poldi keine Angst mehr vor dem Schultern.

Körper gegen Axel, 1:0

Ich bin im Steinernen Meer ertrunken und dem Schicksal wirklich dankbar, dass ich dieses Bild anbringen kann. An sich wollte ich auf den Wellen dieses Gebirges surfen, in seine Kargheit eintauchen oder es leichtfüßig durchschwimmen. Aber eben, sehen Sie: Nichts ist so schön wie im Steinernen Meer zu ertrinken.

Tipp des Tages:
Das Riemannhaus wirkt wenig einladend, daher Abstieg nach Maria Alm!

Dass mir die Steine bis zum Hals stehen, wurde mir bewusst, als eine liebe Freundin am Telefon zögerlich sagte: »Axel, du klingst grantig, das macht mir Sorgen.« Das war der Ursprung einer Welle, die mich im Laufe des Tages überrollen sollte. Dazu mischte sich die Ruhe *(umpf, ich muss es einfach sagen: vor dem Sturm)* des Wanderns im Steinernen Meer. Die flache Steinwüste schluckt an sich schon jeden Laut, kombiniert mit dem dämpfenden Hochnebel an diesem Tag, herrschte Stille. Selten hörst du einen Stein unter deinen Füßen wackeln. Noch seltener reißt dich der schrille Schrei eines Murmeltiers aus den Gedanken, den der Nebel aber sofort schluckt. Sonst Stille.

Meine Gedanken wurden also nicht extern gestört, sondern intern. Durch das regelmäßige, abschwellende und aufbran-

dende Schmerzen meines linken oberen Sechsers. Das beunruhigt einen 32-Jährigen auf Projektwanderung, der bislang gerade einmal zwei Plomben hat und den Zahnarzt auf dessen Anraten nur im Jahresrhythmus besucht. Am nächsten Morgen sollte mir dann der Maria Almer Dentist Schwaiger eröffnen, dass mein linker oberer Sechser den Nerv völlig weggeschmissen hat und seine Wurzel dringend Behandlung braucht. Ganz genau: Das beunruhigt einen 32-Jährigen auf Projektwanderung, der bislang gerade einmal zwei Plomben hat und den Zahnarzt auf dessen Anraten nur im Jahresrhythmus besucht.
Zwischen meinen Zahnschmerzen holte mich mein Großhirn zum Rapport: »Junger Freund«, fing es freundlich an, »wir haben da was zu besprechen. Ich halte seit einem Monat die ganze Meute zusammen, Knöchel und Knie ganz besonders, aber es zeichnet sich eine mächtige Revolte ab. Das Immunsystem bereitet einen nächtlichen Fieberschub vor, der Kreislauf will dich Schach Mattheit setzen, und der Zahn spielt auch nicht grundlos das Lied vom Tod. Und ganz ehrlich, mein Freund«, jetzt machte es auf

verbündet, »ich scheiß langsam auch aufs tägliche kreative Mitdenken.«
Diese Worte hallten auf der nebelschwangeren Bühne des Steinernen Meers gewaltig lange nach. Und wie ein Horn dröhnte ein Satz in meinem Kopf: Ich habe einen Einbruch der allerfeinsten Güte. Erste Hilfe: Abstieg ins zivilisierte Maria Alm, statt einer weiteren Hüttennächtigung in der Höhe, noch dazu im wenig einladenden und nebelumschwärmten Riemann-Haus.
In der Nacht spulte mein Körper das angekündigte Programm ab. Am Morgen ließ ich meine Mitwanderer alleine ziehen, ging zum Schwaiger-Doktor und ließ mich wurzelbehandlungstechnisch entjungfern. Er war sanft. Dann rastete ich. Ich nahm den Bus zu dem Punkt auf der Straße, der am nächsten zur Erichhütte liegt. Und wanderte, spazierte, nein: Ich schlenderte eine halbe Stunde zum Etappenziel. Jetzt sitze ich auf der Terrasse, Blick auf den Großglockner. Die Sonne streichelt mich gesund. Der Text schreibt sich wie von selbst. Der Zahn ist wieder Untertan. Die Mitwanderer sind noch am Weg. Erfolgreiche Gegenmaßnahmen.
Und ja: Ich bin mir bewusst, dass ich hiermit Schwäche zeige. Aber erstens wundert es mich seit einem Monat, wo die bleibt.

Zweitens muss man im Allgemeinen immer hinhören, wenn Freunde einen »grantig« nennen. Und in der Ruhe des Steinernen Meers kommt man im Speziellen drittens gar nicht umhin.

Tage 28 und 29

Ingolstädter-Haus – Riemann-Haus – Maria Alm. Sechseinhalb Gehstunden. Die Wanderung durch das Steinerne Meer ist ein sanftes Auf und Ab, ungefährlich, aber hochalpin. Ob man einen solchen Felsenhaufen mag, ist Typsache, das muss man herausfinden. Der Abstieg ab dem Riemann-Haus ist klarer zu bewerten: Ein sehr steiler Steig durch die Felsen, bei Regen äußerst rutschig und definitiv nur mit Bergschuhen zu empfehlen. An einigen Stellen muss man die Hände verwenden und vor allem schwindelfrei sein. Bergab ist diese Passage eine Herausforderung für reine Wanderer, jedoch machbar.

Den folgenden Tag verbrachte ich in der Zahnarzt-Praxis, im Bus nach Dienten, auf dem kurzen Forststraßen-Weg zur Erichhütte und auf deren Sonnenterrasse. Meine Mitwanderer Michi H., Michi F. und Laszlo wanderten in fünfeinhalb Gehstunden planmäßig: Maria Alm – mit der Gondel zur Natrun Hütte – Hinterthal – Mußbachalm – Pichlalm – Erichhütte. Sie berichteten von einem Heidelbeerwald und dem Walderlebnis-Parcours am Natrun, einem insgesamt schönen Weg mit tollem Blick auf die Silhouette des Steinernen Meers, den Sonnblick und den Großglockner. Über die Erichhütte waren wir uns einig: Wir müssten alles daran setzen, die Erichhütte zu kaufen, hier einzuziehen und jeden Tag nur zu schauen. Eine Muss-Nächtigung!

Hund Niko Poldi liebt Schneefelder mehr als mich, mehr als uns alle, glaube ich. Trotzdem genoss er den überraschenden Ruhetag und tat nicht einmal so, als ob er lieber am Berg wäre.

Drum schweige, wer etwas zu sagen hat

Mir ist das Alter begegnet. Wie sooft auf meiner Wanderung, diesmal auf dem Weg von der Erichhütte zum Arthurhaus. Kein exorbitantes Alter, sondern ein jugendliches. Sieben Frauen und Männer über sechzig. Auf einer Almhütte zur Rast. Sie waren vergnügt und lachten. Sie wirkten zufrieden mit dem Wetter, den Bergen und sich selbst. Sie sangen einfach so ein Lied, mehrstimmig und kunstvoll, dabei vollkommen unprätentiös und zum Panorama der klaren Hochkönig-Felsen passend. Sie störten die anderen Gäste nicht, aber nahmen sie durch das Singen ohne Gesten in ihre Runde auf. Sie genossen die Welt und ließen sie an sich teilhaben.

Tipp des Tages:

Der gute Schnaps im Wenger Alpenhof, Werfenweng. Das erinnert mich an einen Nachtrag: Auch der Enzian-Honig-Schnaps am Ingolstädter-Haus ist einen Ausrutscher wert. Schmeckt wie Hustensaft für Große. Toll.

Und ich weiß nicht, ob es an der märchenhaften Naturszenerie lag oder an meiner grundsätzlichen Sympathie gegenüber Wiener Volksdichtern: Mir fiel Ferdinand Raimund ein. Der das Hohe Alter sprechen lässt. Das sich dem Bauer Fortunatus Wurzel aufdrängt, ihm keine Ruhe gibt und keine andere Wahl lässt, als sich vom Alter beseelen zu lassen. Das ihm durch sein eigenes Tun und wortlos den Rat gibt, sein Leben anders zu leben. Um mehr Freude zu genießen.

Sooft ich ältere Menschen auf meinem Weg treffe, sooft habe ich das Gefühl, sie sagen mir etwas, ohne es auszusprechen. *(Simon & Garfunkel nennen das in »Sound of Silence« »talking without speaking«.)* Sie prahlen nicht mit ihrer Weisheit. Auch weil es dieser Weisheit innewohnt, nicht zu bekehren. Sondern einfach zu singen, ohne Rücksicht auf peinliches Gekicher. Dem wiederum der Neid innewohnt, dass man selber nicht auch manchmal einfach lossingt. Sie nehmen sich heraus, auf der Alm zu sitzen und die Gipfel anderen zu überlassen. Weil sie durch ihre Augen eine größere Fernsicht haben als von da oben.

Wer Raimund mag, neigt wahrscheinlich zum ausgeprägten Sentiment, das ist mir schon klar. Und hier oben, mitten zwischen Kuhfladen und Bergwegen, will ich mich auch gar nicht dagegen wehren. Überließe mir die Märchenfee einen Wunsch, würde ich sagen: Ich möchte mich wie diese Menschen fühlen und mit ihrem Wissen durch die Welt gehen. In meinem übermütigen Körper. Mit meiner jugendlich inbrünstigen Stimme tatsächlich lossingen. Und dabei genießen, dass die Welt mich für verrückt erklären könnte.

Tag 30

Erichhütte – Arthurhaus – Pfarrwerfen –Werfenweng. Sechs Gehstunden. Anfangs ist die Strecke eine sehr malerische und einfache Almenwanderung am Fuße des Hochkönigs, nach dem Arthurhaus (reichlich kitschig!) ist der Weg verwirrend markiert (gute Karte mitnehmen!) und wird wegen eines teils wilden Hangabstiegs durch den Wald etwas schwieriger. Die letzten zwei Stunden geht man auf der Forststraße, was eine Taxifahrt von Pfarrwerfen nach Werfenweng rechtfertigt.

Hund Niko Poldi hat auf effizientes Gehen umgestellt, läuft nicht mehr vor und zurück, sondern trottet in unserem Tempo. Schlaues Wautzi.

Gschwantanger 20 min 70
Hochkönigblick 30 min 70
zum Hascht 50 min 70
Tourismusverband Werfenweng
Stausee 20 min 55
Zistelberghof 30 min 55
Wanderzentrum über Badesee 1h 55
Tourismusverband Werfenweng
Sonnseit'n Hochmaisalm 1¼ h 70
Tourismusverband Werfenweng
Proksch Haus
Moosalm 3h 51
Strussing 3h 52, 51
3½ h 52, 51
Tourismusverband Werfenweng
h 52, 51
Zaglau 4½ h 52, 51
Werfenweng Ort Wanderzentrum
Tourismusverband Werfenweng
40 min 51
Wengerau 2h 51
Hackelhütte 2½ h 51
Brandstättalm
Tourismusverband Werfenweng
Werfenweng Ort
Wanderzentrum

Überbeeindruckt

Ganz nebenbei: Den Text der Gedenktafel auf dem Weg zur Hackel-Hütte fand ich schön. »Johann Stüdl, einer der Gründer des Deutschen und Österreichischen Alpenvereins, rastete hier, 85 Jahre alt, am 26. Mai 1924, auf seiner letzten Bergfahrt.« Und ich sage jetzt gar nicht, wie toll unaufgeregt und menschlich dieses Memoriam ist. Weil ich nämlich aufpassen muss, dass ich beim Wandern und Reflektieren nicht ins uferlos Sentimentale abrutschte. Jaja, das ist mir selbst auch schon aufgefallen, aber was soll ich sagen: Die Berge und ihre Protagonisten sind einfach schön, regen zu Empfindung an und lassen einen emotional nicht aus. Daher mein Rührung-Tsunami der vergangenen Tage.

Tipp des Tages:
Zwischen Jochriedel und Lungötz geht man durch das Truppenübungsgebiet Aualm. Auch dort erkennt man den friedliebenden Zustand unseres Bundesheers, erinnert das Gebiet doch an einen Nationalpark. Sehr schön.

Da hat der Text gut gepasst, den mir ein Mitwanderer letzten Sonntag aus der bunten Krone riss und den ich nun endlich gelesen habe: Prof. Dr. Gerti Senger schreibt da über »Liebe in freier Natur«. Die stehe laut Umfragen an »vorderster Stelle der erotischen To-do-Liste.« Von »Kapriolen schlagender Phantasie« und »lockenden, verträumten Waldlichtungen« schreibt Doktoressa Senger und dass sich »naja«, ihre Begeisterung für diese außerhäusliche Liebe »in Grenzen hält«. Weil sich diese »Outdoor-Version« des Aktes im »Ernstfall oft als Strafe, verschärft durch hartes Lager« und »in den Rücken bohrende Wurzeln und Steinchen, herausstellt«, denkt Senger.
An dieser Stelle befiel mich eine sanfte Angst, auf den weiteren 500 Kilometern kein Wurzelchen oder Steinchen mehr überstei-

gen zu können, ohne an diese Worte zu denken. Aber dann schwenkte Sexpertin Senger doch um: »Ihr seelisches Paradies können Sie beim Wandern finden.« Na Gott sei Dank, Reststrecke gerettet. Wegen der Zweisamkeit, sagt Senger. Und weil »alle angesprochenen Sinne« kombiniert mit einem »Kuss auf dem Rastplatz« ein »paradiesisches Glück« sein kann.
Wieder befiel mich Angst. Dass man als Schreiber in den Bergen zwangsläufig scheitert, wenn man seine tief empfundenen Eindrücke, Sentiment und Emotion, in schnöde Worte gießen will. Dass sich der Leser dann denkt: Wuggi, vollkommen wuggi, der Halbhuber. Da klingelte es in meinem Kopf: »Johann Stüdl, einer der Gründer des Deutschen und Österreichischen Alpenvereins, rastete hier, 85 Jahre alt, am 26. Mai 1924, auf seiner letzten Bergfahrt.« Das sind Worte, unaufgeregt und menschlich. Nur, ganz genau: Darüber wollte ich ja nicht schreiben. Umpf.

Tage 31 und 32

Werfenweng – Dr. Heinrich-Hackel-Hütte – Aualm – Lungötz. Viereinhalb Gehstunden. Nach dem überraschend intensiven Anstieg zur Hackel Hütte (langsam angehen!) wandelt sich die Strecke zur sanften und sehr schönen Wanderung an den südlichen Hängen, am Schluss am südlichen Fuße des Tennengebirges, oft gute Blicke auf dessen Scharten, aber auch in die Ferne zurück und auf den Gosaukamm. Die letzten eineinhalb Stunden nach Lungötz geht man auf der Forststraße.

Am folgenden Tag wählte ich den kürzesten, vierstündigen Weg von Lungötz zur Stuhlalm (Scherlreith – Pommer Parkplatz), die sich als ebenso schön gelegenes Quartier wie die fünf Minuten entfernte Theodor Körner-Hütte erwies. (An dieser Stelle ist der Stuhlalmsche Kaiserschmarrn mit marinierten Erdbeeren erwähnenswert) Der Nachteil des kurzen Weges: Er ist wenig eindrucksvoll, weil viel Forststraße. Dafür ist er einfach.

Zu Hund Niko Poldis großer Freude gibt es bei der Aualm einen kleinen, sauberen Teich. Er ist gesprungen (Hund Niko Poldi springt mit vollem Anlauf vom Ufer weg und schafft gut zwei Meter), hat sich geschüttelt und im Gras gewälzt, dazu harmonisch gebellt. Wir hatten unser Gaudium. Wie sagte Mitwanderer Michi H. so richtig: »Dieser Hund ist Klassenkasperl und Gruppenzusammenhalt in einem.«

Irrweg ins Glück

Der Gosaukamm hat neben dem mächtigen Dachstein nur die größte Nebenrolle der Gegend bekommen, ist aber wegen der Mischung aus wanderbaren Almen, schroffen Bergwegen und aalglatten Kletterwänden faszinierend. Kein Wunder, dass sich zwei Bundesländer den Gosaukamm teilen. Ich trat also am 33. Tag über die Grenze zwischen Salzburg und Oberösterreich und in das vierte Bundesland meiner Wanderung ein.

Tipp des Tages:
Umdrehen, immer wieder! Fast hätte ich beim forschen Schritt nach Vorne den Dachstein übersehen. Und man muss sagen: Immer eine Pracht. Wenn man auch bald einmal hinfahren sollte, denn der Gletscher schaut ein bisserl nach Sommergrippe aus.

Am nächsten Tag habe ich in Gosau dann die Abzweigung auf den Wanderweg Richtung Iglmoosalm verpasst. Ich weiß nicht, ob es an meiner morgendlichen Wirre lag oder an mangelnder Beschilderung. Ist auch egal. Jedenfalls habe ich bald gemerkt, dass die flache Forststraße, der ich folgte, nur parallel zu dem richtigen Weg verläuft. Umkehren wollte ich nicht, man schenkt auf dem Berg keine Höhenmeter her. Ich habe auf dem Plan schon gesehen, dass meine Straße demnächst mitten im Wald ein einsames Ende finden wird, aber der abenteuerliche Schelm in mir meldete sich inbrünstig: »He Alter, jetzt gehen wir seit 33 Tagen immer auf dem Weg, den Blick immer nach der nächsten Markierung suchend, da werden wir doch in flachem Gelände ein paar hundert Meter durch das Dickicht pirschen können.« »Ja aber«, entgegnete ich, »am Berg niemals den Weg verlassen!« »Und immer warm anziehen, nie ohne Schirm aus dem Haus, zur Vorsorgeuntersuchung rennen und abends schon das Gewand für morgen herrichten. Lass uns einmal Piraten sein!«

Wir erreichten das Ende der Forststraße und zogen querfeldein Richtung Berg.
Im meterhohen Gras, na gut: einmeterhohen Gras, wurde der Schelm kleinlaut. Als es mich beim Überklettern eines querliegenden Baumes stummfilmmäßig hinfletschte, verstummte er. Gut so, sagte ich mir und nutzte die Ruhe zum Denken. Weil sich nämlich schon wieder eine Lebenserkenntnis aufdrängte: Wenn man auf einem Irrweg ist, weiß man nicht, wo man ist. Am richtigen Weg ist man sich sicher, aber der Irrweg kann dieser oder auch ein anderer Weg auf der Karte sein. Man ahnt es höchstens, etwa so: Aha, das ist jetzt eine Kurve nach links, na das wird wahrscheinlich der, naja, vielleicht aber doch, da oder nein, weiß nicht, na glaube schon.
Die lebensnahe Frage dazu: Wie weit geht man auf einem Irrweg, in der Meinung, dass auch er an das Ziel führt? Oder überhaupt an ein Ziel? Wie lange sucht man Gewissheit, bis man dann doch umkehrt? Wann wird Pioniergeist zu Sturheit und schlussendlich zum Unglück? Wann zieht man die Notbremse? Wie lange darf

ein Job unglücklich machen, bis man erkennt, dass es nicht am eigenen Willen durchzubeißen liegt? Wie lange kämpft man um eine Beziehung, bis wieder gute Zeiten kommen? Wann führt sich der persönliche Kleinkrieg gegen den inneren Schweinehund ad absurdum, weil man eben einfach lieber dick bleibt?

Wer erklärt einem eigentlich die Grenze zwischen Leichtsinn und Disziplin? Wann gibt man zu Recht auf?

Nach einer halben Stunde und keiner Antwort auf diese Fragen habe ich wieder den richtigen Weg erreicht. Der restliche Tag war von einer wunderschönen Wanderung gesegnet. Und als es eine Stunde vor dem Ziel zu schütten begonnen hat, habe ich weder einen Unterstand gesucht noch mich eingemummt. Ich habe genossen, am richtigen Weg zu sein. Samt Regen. Vom Baumsturz blieb ein mächtiger blauer Fleck am Knie. Und die Erkenntnis, dass es sich gelohnt hat.

Tag 33
Stuhlalm – Törleck – über den Herrenweg nach Gosau. Vier Gehstunden. Der Austriaweg auf dem Gosaukamm ist ein wunderbarer Wanderweg im Gebirge und auf der westlichen Seite unproblematisch zu gehen. Ab dem Törleck verschwindet der Weg zunehmend im Wald und mündet in den Herrenweg nach Gosau: Sehenswert schön, ein tolles Wandergebiet und kürzer als erwartet.

Tag 34
Gosau – durch wegloses Dickicht zur Iglmoosalm – Goiserer Hütte – Bad Goisern. Fünf Gehstunden, eine davon allerdings beim Wegsuchen. Schöne Wanderung mit besonders idyllischen Plätzen, wie zum Beispiel der Schartenalm. Die Goiserer Hütte (die Wildsuppe!) lag bei meiner Ankunft in dichtem Nebel, ist aber angeblich mit herrlichem Ausblick bis ins Tote Gebirge gesegnet. Der folgende Abstieg nach Bad Goisern ist anfänglich ein unproblematischer Steig, später dann eine unspektakuläre Forststraße.

Hund Niko Poldi scheint langsam zu akzeptieren, dass Wandern ein Dauerzustand ist. Ich merke das an dem gleichmäßigen Trott, den er für immer weniger Ablenkungen verlässt, an seiner Bereitschaft, jeden kühlen Fleck zur Rast zu nutzen und an seiner schwanzwedelnden Freude, wenn ich in der Früh den Rucksack schultere. Nur beim Regen schüttelte er sich alle fünf Minuten, schaute mich an und sagte wortlos: »He Alter, wir gehen jeden Tag, ist okay. Aber das ist nicht dein Ernst, oder? Weil das ist nass und das habe ich nicht gebucht.«

Momente des Rastens

Am ersten Ruhetag seit Kufstein hat auch der Kopf Pause. Notwendige Besorgungen habe ich daher kurz gehalten. Nämlich so:

- Schuhe zum Service, da hingen allerlei Plastikstücke weg, außerdem ist auch das dichtende Goretex am Ende. Ach ja und neue Einlagen bitte.
- Stöcke zum Service, der eine braucht eine neue Spitze, beide brauchen neue Teller. Natürlich wären neue günstiger, aber wegen der emotionalen Nähe bitte doch.
- Grüß Gott, schönes Hotel, sagen Sie, könnten Sie, eine Waschmaschine. Super, danke sehr. Ach ja und Trockner? Weil ich habe nur die eine Hose. Alternativ: Oh je, nicht, schade. Also wieder Dings aus der Tube, Waschbecken, aufhängen Fön fixieren und per Hand.
- Kekse aus dem Supermarkt.
- Erdbeersaft aus dem Supermarkt.
- Ein Fernseher, juchauz! Bitte also Essen erst um acht, weil davor Scrubs und Onkel Charlie schauen. Ja, das ist verdammt wichtig. Huch: Fußball heute, schau an.

Tipp des Tages:
Ein Vollbad! Ich weiß, nicht jeder ist der Badetyp, aber es gibt am Ruhetag keine größere Wonne als Wanne.

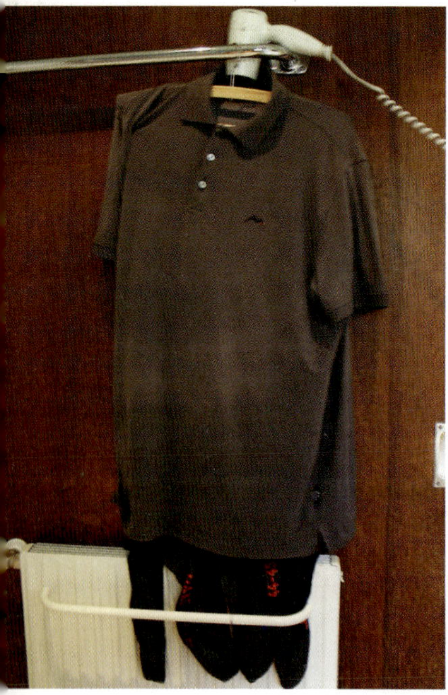

ZIB 24, schon nach zwölf? Na geh, Frühschlaf verpasst. Wurscht, bin eh schön.

• Der Nachteil des Rastens? Man wird gemutlich. Also entschied ich mich am folgenden Tag zur Planänderung: Autofahrt zum Loser, dafür Besteigung desselben. Warum? Gegenfrage: Warum nicht? Die Entscheidung war jedenfalls gut, das Herumwandern am Loser, das Sitzen am See, das Entdecken der mystischen Winkel und die nordexotisch wirkende Natur sind eine Planänderung wert.

Tage 35** (Ruhetag 6) **und 36
Nach einem völlig verregneten Rasttag (Ich dachte mir: Gut so, wie es sich für meine Wanderpause gehört. Soll der Himmel loswerden, was er zu betrauern hat), wanderte ich drei Stunden auf dem und auf den Loser und schlief dann auf der Loserhütte (sehr nette Wirtin, sehr gutes Essen, toller Abend- und Morgenblick). Die Wege auf dem Loser sind gemütlich und einfach, außerdem für Kinder ein tolles Abenteuer.

Warum wälzt sich Hund Niko Poldi in einem Kuhfladen und kostet von Schafspemmerln? Höhenluft? Anale Phase mit sechseinhalb? Wo er doch gestern Schweinsohren und Pansenstücke bekam (Es gibt kein größeres Glück für die schwarze Flohdackn. Dass ich mir so die Liebe erkaufe, die es am Berg zur nötigen Folgsamkeit braucht, ist nur ein Gerücht). Ich verstehe ihn nicht. Hund Niko Poldi, schlafe in dem Eck da drüben. Da ganz weit drüben!

Rindes Wahn

»Man muss nicht nur Zeit zum Anschauen haben, sondern die Zeit, es überhaupt erst zu entdecken.« Mit diesem Satz beeindruckte mich eine der beiden älteren Damen am Hochklapfsattel. Die andere, die mit den viel zu schönen Zähnen, verriet, dass sie auf dem Weg zu einer Geschichtenerzähler-Performance am Gipfel des Redenden Stein unterwegs sind. (Ja, toller Name für einen Gipfel, aber er hatte mir nichts zu sagen, als ich vorbei ging.) Und als ich so nachdachte, ob sich aus der Kombination »Geschichtenerzähler« und »Redender Stein« ein Wortwitz gene-

Tipp des Tages:
Legt die verrückten Kühe in Ketten!

Morgendlicher Blick von der Loserhütte

rieren lässt, kam die andere mit erwähntem Einleitungssatz. Da schoss sie mir wieder ein, die Weisheit der Älteren: Sich die Zeit nehmen, eine schöne Blume anzuschauen, ist der Komparativ des Wanderns. Aber superlativisch wandert, wer nicht zufällig auf diese Blume aufmerksam wird, sondern vom ersten Schritt an so geht, dass er sie sieht. Sehen muss. Wow.

Das ältere Paar, das ich eine Stunde davor getroffen hatte, suchte zum Beispiel ein Schaf. Seit vierzehn Tagen. Die beiden Pensions-Hirten gehen seit nunmehr zwei Wochen jeden Tag ihre Runden, um das verlorene Schaf mit schwarzem Kopf – »ein schönes von einer Versteigerung« – zu suchen. Ihr Lächeln und die Unhektik verrieten die beiden ein bisschen: Ihre Suche ist ein Grund, kein Anlass. Sie lieben es, in ihren Bergen zu gehen und sind dem Schaf ein wenig dankbar. Überhaupt merkte ich an diesem Tag, wie sehr die Ausseer ihre Berge mögen. Scheinbar waren alle, die ich traf, einheimisch. Nur bei den vier Jugendlichen kurz vor dem Appel Haus war ich mir nicht sicher, ich konnte sie auch nicht fragen, sie sprachen nur Tschechisch.

Das dritte Treffen des Tages waren Kühe. Verrückte, entsetzlich depperte Kühe. Eine sprintete auf Hund Niko Poldi zu, der sich verhängnisvoller Weise auf Weiden gerne an mich kuschelt. Die Kuh sprintete also auf mich zu. Und wenn das Gewicht eines Kleinwagens auf dich zusprintet, läuft ein Film in dir ab: Zuerst schießt dir ein, woher das Tote Gebirge seinen Namen haben könnte. Dann überlegst du, wie sich ein Torero mit Wanderstöcken anstellen würde. Und schlussendlich gibst du Hund Niko Poldi den Befehl zu laufen, quasi Ablenkungsmanöver, und der Kuh den Befehl: »Aus!« Beide gehorchten. Gerade noch. Habe ich eigentlich schon erwähnt, dass ich niemandem traue, der einen größeren Kopf hat als ich?

Tag 37
Loserhütte – Karl-Stöger-Steig – Augstwiesenalm (besonders depperte Kühe, wahnsinnig böse zu Hunden, wahrscheinlich etwas Traumatisches) – Albert-Appel-Haus – Elmgrube – Pühringerhütte. Achteinhalb Gehstunden. Der Stöger-Steig ist ein schmaler, aber wahnsinnig schöner Weg, auf dem man da und dort aber die Hände braucht. Danach ist die Strecke weiterhin wunderschön (man ist auch fern jeglicher Forststraßen), wird nicht mehr schwieriger, ist aber sehr weit. Für Kurzwanderer bietet sich eine Teilung der Etappe an, dann ist auch Zeit, den einen oder anderen Gipfel zu besteigen. Das Gebiet ist riesig groß und wirklich sehenswert.

Bad day for Niko Poldi: Nach mannigfaltigen (die beschriebene Szene wiederholte sich noch zweimal) Kuhattacken durfte der Hund in der überfüllten Pühringerhütte nur in der Winterraum-Gaststube schlafen. Durchaus gemütlich, aber einsam. Ihm war es offenbar wurst, er lag morgens so da, wie ich ihn abends gebettet hatte.

Komm, stiller Tod

Wenn man es vom Loser aus begeht, stirbt das Tote Gebirge langsam. Bis zur Pühringerhütte wirkt es sogar lebendig, steht gut im Saft kräftiger Farben und ist sanft im Gelände. Erst eine halbe Stunde nach der hübschen Hütte am See wird es betagter. Die Steine werfen Falten und erinnern an die Gesichter des Alters. Das lebendige Grün weicht einem schalen Weiß. Und bei der mächtigen Steigung Richtung Rotkogelsattel weiß man nicht, ob die Berge röcheln oder man selbst.

> **Tipp des Tages:**
> *Nach dem mühsamen Abstieg vom Prielschutzhaus kommt man auf die Forststraße und sollte den Blick stur nach links richten. Da sieht man urplötzlich einen buchtartigen Platz an der Krummen Steyr, sowas hat man noch nicht gesehen. Wer hier nicht rastet, rastet nie. Quasi rastlos.*

Dann ist das Tote Gebirge kompromisslos, gezeichnet, erhaben. Es geht seinem Ende zu und sagt einem nur mehr das Nötigste. Es erinnert an ein Sterbebett, an dem nur mehr bedeutende Worte gesprochen werden dürfen. Man geht an der Fleischbank vorbei, die vereinzelt durchschimmernden Blumen sind bestenfalls ein letztes Geleit. Und am Temelbergsattel ist alles aus.

Laut ist das Tote Gebirge ja nie, aber hier ist es still. Die gelegentlich rollenden Steine verstummen ehrfürchtig, der Wind flacht ab wie die Herzschlag-Kurve. Der Dachstein schaut aus der Ferne herüber, sein weißer Gletscher erinnert an den Kittel des Arztes, der den Tod feststellt. Kein Ton ist zu hören, da oben ist Totenstille. Ich habe so etwas noch nie erlebt und mache mit, kein Zeiger tickt, kein Puls ist zu hören. Hund Niko Poldi legt sich hin und erweist dem Gebirge die letzte Ehre. Die Szene ist klar und deutlich. Hier, wo man nichts hört, hört man endlich genau hin. Und

wird gefangen vom Blick Richtung Osten: Da liegt die Klinser Schlucht, ein Joch aus zwei zusammenstoßenden Schotterfeldern. Sie gleichen dem Tunnel, hinter dem das Licht des offenen Stodertals hervorleuchtet. Hier oben ist Pause.
Später wandere ich zum Prielschutzhaus und gebe mir zum Leichenschmaus ein Tellerfleisch. An das Tote Gebirge denke ich den ganzen mühsamen Abstieg Richtung Hinterstoder zurück. Und dann am Ende beginnt das Leben wieder, an einem Sandstrand an der Krummen Steyr. Wo wieder Vögel zwitschern. Wo sich im Wasser unfassbares Blau einen eindrucksvollen Kampf mit durchsichtiger Klarheit liefert. Wo Hund Niko Poldi jauchzt und bellt. Als möchte er die Erinnerung hochhalten.

Tag 38

Pühringerhütte – Rotkogelsattel – Temelbergsattel – Klinserscharte – Prielschutzhaus – Hinterstoder. Siebeneinhalb Gehstunden. Dieser Teil des Toten Gebirges ist hochalpin. Das bedeutet einerseits tolle Ausblicke (auf Dach- und Traunstein), beeindruckendes Gelände, viele Gämsen und abenteuerliche Passagen (besonders der Abstieg nach dem Temelbergsattel sollte nicht unterschätzt werden, hier muss man mit leichten Kletterpassagen rechnen). Andererseits heißt hochalpin aber auch, dass das Wetter passen muss (bei Nebel verliert man hier vollkommen die Orientierung), die Ausrüstung (Schuhe) keine Kompromisse verträgt und speziell hier genug Wasser mitgenommen werden muss (zwischen Pühringer und Prielschutzhaus gibt es keine Versorgung und keine Quelle). Dann ist es eine großartige Erfahrung. Achtung: Der Abstieg vom Prielschutzhaus ist wirklich noch ein steiles Stück.

Was hat sich der Kleine Schwarze verdient, wenn er nach dem Zehnstunden-Tag gestern heute nochmal über sieben Stunden durch scharfkantige und heiße Steine läuft? Genau: Einen kleinen Fluss, ein geworfenes Stockerl, Sand zum Wälzen und Zeit für sich.

Es war die Lärche

Heute ist es passiert: Am 39. Tag kam eine Hüttengaudi über mich, dass die partysüchtige Milz ihre Freude hatte. Dazu muss ich eines erklären: Zuhausesitzende Freunde und ankommende Mitwanderer glauben oft, so eine Wanderung bedeutet permanente und abendfüllende Gelage. Wie sehr das nicht stimmt, erkennt man an dem Schild, das auf fast allen Hütten hängt: »Hüttenruhe 22 Uhr«, steht da knapp. Und dieser Satz ist in den seltensten Fällen eine Diskussionsgrundlage. Er ist fast immer geltendes Recht, das mit dem Umlegen des Lichtschalters exekutiert wird.

Tipp des Tages:

Eine gute Grundlage im Magen! Da ist der Mostbauer kurz nach dem Wartegg, der die Vorbeiwanderer hereinruft. Da ist die Mostschenke Binder, die einen lockt. Und da ist die Zeller-Hütte an sich. Also beim großartigen Frühstücksbuffet im Hinterstoderer Edelweiß Alpin Lodge nur nicht g'schamig sein.

Auf der Zeller-Hütte ergab sich das anders. Meine achtköpfige Mitwanderschaft wollte abends Geburtstag feiern. (Meine Freunde Sandra und Tom sind Geschwister und wurden beide an einem 12. August geboren. Sandra im Jahr 1976, Tom 1979. So etwas gehört erzählt.) Ich fragte daher schüchtern, ob denn die Rechtssprechung auf der Zeller-Hütte mehr »jawohl Euer Ehren« oder »na schauen Sie, Herr Rat« ist? Und wie soll ich sagen: Hinter den reschen Fassaden des Hüttenwirtspaares Heidi & Robert

Blick von der Zeller-Hütte

stecken weiche Sperrstunden-Kerne. Es kam also, wie man es auf Berghütten selten hat: Gitarre, Wein in Flaschenmenge, Singen und Lachen. Um elf sollte der Zauber trotzdem vorbei sein, wir waren ja auch müde.

Aber ich war wieder einmal zu langsam im Bett. Wie zwei andere auch. Für Wirt Robert das Stichwort, uns drei noch mal an die

Theke zu bitten und seiner Einladung mit vier Schnapsgläsern Nachdruck zu verleihen. Dann ging alles ganz schnell:

«Was wollt ihr trinken?«

«Ich hatte letztens einen großartigen klaren Zirbenschnaps, nicht den angesetzten. Hast du den auch?«

«Nein, aber einen Lärchenen.«

(Eine Flasche klarer Flüssigkeit rumst auf die Theke, mittendrin

ein Lärchenzweig. Er schenkt mir doppelt ein: das Glas voll und metaphorisch ordentlich. Ich trinke den Obstler mit Lärchennote.)

«Na servus, mit dem machst aber nimmer viel Geschäft.«

Aus Robert spricht nun der weiche Kern: »Hast recht. Trink ihn gleich aus.«

Ich betrachte die Flasche, in der sicher noch sieben Portionen schlummern: »??????« Mit jedem Schluck vom Klaren wurden die Themen unklarer, aber die Lacher deutlicher. Und ganz unschuldig stellte sich das ein, was sich alle Zuhausegebliebenen vorstellen: Eine unfassbare, rotwangige und total sinnlose Hüttengaudi. Als ich dann um ein Uhr zum Einschlafen im Bett lag, war ich zufrieden, das auch noch erlebt zu haben. Aber da wusste ich auch noch nicht, dass Wirt Robert am nächsten Morgen, nach dem Frühstück, beim Zahlen, um zehn Minuten nach acht Uhr darauf bestehen würde, zum Abschied noch einmal einen Schnaps zu trinken. Er nennt das »Zähneputzen«. Eine Gaudi.

Nachsatz: Die Mitwanderer waren heute sehr wichtig. Weil man nach so vielen Wochen zu übersehen beginnt, was den Berg ausmacht. Ich übersehe die Mühe, den Schweiß. Ich übersehe das Glücksgefühl am Ende der Etappe. Meine Freunde haben mich darauf hingewiesen.

Tage 39 und 40

Hinterstoder – Wartegg – Mostschenke Binder – Zeller-Hütte. Fünfeinhalb Gehstunden. Ehrlich: Ein verzichtbarer Weg, sehr viel Asphalt, ein bisschen Forststraße. Man lasse sich mit dem Auto führen. Schön wird der Weg erst ab der Mostschenke Binder, wenn auch sehr steil. Aber diese zwei Aufstiegsstunden führen durch einen feinen Wald.
Ganz anders ist da die Strecke des folgenden Tages (Zeller-Hütte – Toter Mann – Speikwiese – Brunnsteiner See – Wurzer Alm –Spital am Pyhrn, sechseinhalb Gehstunden bis zur Standseilbahn Wurzeralm). Die beginnt zwar wieder mit ambitionierten Aufstiegen durch romantische Latschenlandschaft, bis man am Toten Mann anlangt. Von dort kann man auf das Warscheneck steigen, angeblich dem schönsten Aussichtsberg der Gegend. Wir hatten Nebel und Nieselregen, stiegen daher gleich vom Toten Mann ab. Und dieser Abstieg ist bei Nässe wirklich schwierig und gefährlich. Höchste Vorsicht, beste Schuhe! Danach bleibt der Weg steil, ist aber unproblematisch. Trotzdem zieht er sich, weshalb man auf der Wurzeralm die Standseilbahn und im Tal getrost das Taxi nach Spital nehmen kann.

Niko Poldi bewegt auf dieser Wanderung etwas: Auch Hüttenwirte, die skeptisch gegenüber Hunden sind (was ich übrigens verstehen kann, nicht alle Wauwaus sind wie Niko Poldi), erklären mir, dass dieser Hund großartig ist. Dass er sich benimmt. Und dass so einer ja eh in die Hütte rein darf.

Musik und Überleben

An Ruhetagen telefoniert Axel nach Hause. Die beiden häufigsten Fragen nach »Hallo, wie geht's?« sind dann »Was geht dir am meisten ab?« und die dazugehörende Subfrage »Dein Gewand?«. Frage zwei kann ich als passionierter Modemuffel vom Tisch wischen, es ist herrlich nur drei Leiberl zu haben und immer jenes anzuziehen, das am wenigsten streng riecht. Auf die erste Frage antworte ich: »Mein Motorrad, meine Gitarre, aber am meisten fehlt mir Musik.« (An dieser Stelle gestehe ich, dass mir beim Wandern permanent »La pulce d'aqua« von Angelo Branduardi, die englische Originalversion von »Les Miserables« und »Wie a wüds Wasser« von den Seern ins Ohr kommt. Nein, man kann jemanden nicht nach seinem Musikgeschmack beurteilen.)

Tipp des Tages:
Nicht ärgern.

Daher probierte ich jüngst die Funktion *Radio* auf meinem Handy aus. Das Lied schoss mir ein wie ein Laserstrahl, ich habe getanzt, gesungen, die anderen Menschen schauten wie Laternen. Es grölte mir Herr Bryan Adams ins Ohr: *»Oh when I look back now – That summer seemed to last forever – And if I had the choice – Ya – I'd always wanna be there – Those were the best days of my life.«* Herr Adams kennt mich gar nicht und wahrscheinlich auch nicht mein Wanderprojekt. Aber mein Gefühl hat er trotzdem getroffen. Und mir ein bisserl drüber geholfen, als ich wegen meines wund geriebenen Rückens mit dem Bus nach Admont fuhr, statt die Strecke zu gehen. Merkwürdig daran war eines: Dass ich nach so vielen Wandertagen nicht ein bisserl froh war, mit dem Bus zu fahren. Sondern mich ärgerte. Gut, dass mir am Weg zum Bus in Spital am Pyhrn der Herr Pfarrer über den Weg lief. Denn dadurch fiel mir eine Geschichte wieder ein: Dieser Herr Pfarrer brachte die Spitalerin Gerlinde Kaltenbrunner zum Bergsteigen, als sie bei ihm in der Jungschar und Ministrantin war. Genau: Die Gerlinde Kaltenbrunner, die schon auf urvielen Achttausendern war. Die vor einer Woche zum zweiten Mal bei der Besteigung des K2 aufgab. Und die gerade deswegen eine der erfolgreichsten Bergsteigerinnen ist: Weil sie immer zurückkommt. Weil sie nicht übertreibt und deswegen alles verliert. Weil sie vor der Grenze »Stopp« sagt. Weil sie ankommt, mit oder ohne *Güpfi*.

Natürlich vergleiche ich mich hier nicht mit der Kaltenbrunner. Aber ich tröste mich mit ihr. Und ertrage die Busfahrt erhobenen Hauptes und wunden Rückens.

Tage 41 *(Ruhetag 7)* ***und 42***

Spital am Pyhrn, Ruhetags-Programm abseits der Waschorgie, der Rucksack-Reparatur und der Körper-Instandhaltung: Scrubs, Onkel Charlie, Grey's Anatomy und Radio hören. Denn der Geist braucht neben der Musik auch mal ein bisserl Trash, wenn er ständig durch die alpine Klarheit getragen wird. Tags darauf mit dem Bus nach Admont.

Hund Niko Poldi suchte sich das beste Eck des Zimmers und träumte nochmal das Tote Gebirge durch. Es war ein tiefer Schlaf mit gelegentlichen Seufzern. Ich sage Ihnen: Es ist sehr süß, wenn ein Hund im Schlaf tief seufzt. Nur bei den Radio-Nachrichten ist er aufgeschreckt: »Laut einer Studie sind Border Collies die intelligentesten Hunde.« Hund Niko Poldi, Mischling mit ein bisschen Border Collie-Genmaterial, schaute mich an: «Da siehst einmal, was du an mir hast.«

Meuchlings!

Jetzt habe ich es geschafft: Mitwanderer Helga und Ferdl kannte ich nicht, bevor sie mir heute Früh um halb neun vor dem Stift in Admont die Hand gaben. Sie haben einfach gefragt, ob ich sie ein paar Tage mitnehmen würde. Und wie ich würde, gerne auch noch! Weil also nun zwei bei meinem Weg mitgehen, weil sie dieses Wandern mögen und nicht zwangsläufig mich, fühle ich mich als Sieger.

Tipp des Tages:

Mitwanderer! Sie helfen, sie überraschen, sie sind abwechslungsreiche Sympathie. Ich mag diese Menschen auf meinem Weg.

Aber darum geht es nicht, sondern um einen, der mich mögen muss, weil er ein Freund ist, nämlich Harald. Der wandert auch seit heute mit und im Laufe des Tages sprachen wir über Beethoven. Das ist hier jetzt ebenso nicht wichtig wie die Tatsache, dass die heutige Wanderung mich an dessen 6. Sinfonie erinnerte, dass die Pastorale heißt und wie kaum ein anderes klassisches Stück Tonmalerei mit einer melodisch echten Geschichte daherkommen lässt, statt wie sooft einfach nur Kulisse ohne Handlung zu sein. (Verzeihung, das musste an dieser Stelle raus, diesen Standpunkt trage ich als inneren Disput mit meinem Musiklehrer seit der Matura mit mir herum.) Aber auch darum geht es gar nicht.

Denn beim Sinnieren über Beethovens Naturbetrachtungen, so irgendwo im zweiten Satz,

näherte sich uns eine Gedenktafel: »Auf einem Reviergang am 10. Sept. 1926 wurde hier der Jäger Karl Steiner von Wildererhand meuchlings *(tolles Wort, nicht wahr?)* erschossen. Der Liebe zu seinem Beruf und seiner vorbildlichen Pflichttreue ist er zum Opfer gefallen.« Assoziativ schoss mir die Frage ein, was eigentlich aus diesen sympathischen Wilderer-Kerlen in den Heimatfilmen wurde, die Feschen ohne Furcht, mit viel Tadel. Diese Clooneys der Nachkriegszeit wurden im echten Leben rar. Wir brauchen wieder mehr Piraten, dachte ich mir und gleich darauf, wie pietätlos es ist, sich genau das vor der ehernen Erinnerung an Karl Steiner zu denken. Aber ehrlich: Beethoven war bekannt für seine Pietätlosigkeit.

Ich lenkte meine sonderbaren Gedanken um: auf eine andere Gedenktafel, gesehen in Vorarlberg, am Beginn meiner Wanderung *(vor gefühlten zehn Jahren)*: »Du kannst nicht tiefer fallen, als nur in Gottes Hand, die er zum Heil uns allen, barmherzig ausgespannt. Gewidmet zu Ehren des Thomas Göppel, Ministrant. Mit 17 Jahren tödlich verunglückt am 22. 5. 1982.« Damals dachte

ich mir: Wer hat denn da den Zynismus mit der Schöpfkelle gefuttert? Wer stellt so was auf, wenn ein Liebster verunglückt ist? Dochdoch, ich habe für Gott viel über. Aber wenn einer in den Tod stürzt, kann er nicht tiefer fallen als in Gottes Hand? So eine Tafel hätte nicht einmal Beethoven da oben aufgestellt, meuchlings.

Oh Berge, oh Sitten, wann werde ich euch verstehen?

Tag 43
Admont – Kematengraben – Scheiblegger Hochalm – Oberst-Klinke-Hütte – Flitzengraben – Mödlingerhütte. Sieben Gehstunden. Die Strecke bis zur Oberst-Klinke-Hütte ist anstrengender als man annimmt, weshalb die Umgehung über die Kaiserau eine echte Überlegung wert ist. Außerdem ist der direkte Abstieg von der Scheibegger Hochalm eine leichte Kletterei, die einen reinen Wanderer fordert. Nach der Klinke-Hütte (die man übrigens getrost auslassen kann), wird der Weg unkomplizierter und einfacher, allerdings sollte man seine Länge nicht unterschätzen.

Hund Niko Poldi war heute sichtlich sehr froh darüber, dass er nach den zwei Ruhetagen endlich wieder auf dem Berg tollen darf. Einzig die Sache mit den Stockerln hat er schlicht nicht im Griff, weil im Wald so viele davon sind. Er nimmt eines, tragt es ein paar Meter, sieht ein anderes, wechselt, schaut aber kurz so, als ob es ihm um das alte Leid täte. Das hört nie auf und die Verzweiflung steht ihm deutlich ins Gesicht geschrieben. Aber eben: Er trägt beides mit Fassung, Stock und Stolz.

Charakter gegen Prinzipien, eine einseitige Partie

»Wer einen Charakter hat, braucht keine Prinzipien.« Dieser Satz geht mir schon seit Jahren nicht aus dem Kopf. Ich bemühe ihn immer dann, wenn mein Schweinehund gewinnt und ich doch noch eine Nachspeise bestelle. Oder mir ein Freund erklärt, unter der Woche gehe er prinzipiell nicht aus. Oder eben sonst ein verstaubter Grundsatz dem aktuellen Vergnügen im Weg steht. Sie können sich vorstellen, wie entspannt ich bin, wenn andere zu Silvester in Vorsätzen ertrinken. Der Satz stammt ursprünglich übrigens von Julius Wagner-Jauregg. Der war nicht nur ein österreichischer Psychiater und Medizin-Nobelpreisträger, sondern auch leidenschaftlicher Bergsteiger. Tolle Überleitung.

> **Tipp des Tages:**
> *Wer von der Mödlingerhütte zum Kölblwirt geht, wandert oberhalb von Johnsbach über Rotleiten und Schattseitenweg statt auf der Straße durch das Örtchen Johnsbach zu gehen. Es sei denn, man möchte den Bergsteigerfriedhof besuchen. Aber wer will auf einer Bergwanderung einen Bergsteigerfriedhof besuchen?*

Denn heute ist mir der Satz wieder eingeschossen. Nämlich so: Seit dem Aufbruch von der Mödlingerhütte haben meine Beine etwas im Schilde geführt.

Sie waren abgelenkt, nicht auf den Weg konzentriert und viel zu schwer. Eine innerlich aufkeimende Revolution konnte ich unterdrücken, auch weil die Beine keine Verbündeten fanden. Vor allem der Kopf war auf meiner Seite, das ist wichtig beim Gehen. Eigentlich ist nur das wichtig: Solange der Kopf will, hat der Körper keine Chance. Aber beim Kölblwirt änderte sich die Lage binnen Sekunden: Der Himmel zeigte Regen an, der Kopf entwickelte einen unfassbaren Zug in die urgemütliche Gaststube und das sonst so zuverlässige Sentiment verliebte sich in die kurzhaarige Bedienung. Mit einem Schlag waren alle gegen mich.

Das stärkste Argument brachte der Kopf: »Schau, Axel: Heute müssen wir noch drei Stunden und knapp tausend Höhenmeter auf die Hesshütte, da und dort sicher im Regen. Dann gehen die Beine endgültig in den Streik und schlussendlich keinen Schritt mehr. Morgen wird das Wetter dann noch schlechter und du willst eine Achtstunden-Etappe bis Radmer machen, die tausend Meter wieder runter und alles in ausgesetztem Gelände. Da spielen dir die anderen nicht mit.« Mein »Ja, aber« ging im Duett der Augen unter: »He, in der Karte gibt es einen viel kürzeren Weg nach Radmer, fünf Stunden Almenwandern, das geht sich morgen locker aus.« Ich nahm ambitioniert das Wort »Plan« in den Mund *(der noch auf meiner Seite war)* und es tönten alle im Chor dagegen: »Wer einen Charakter hat, braucht keine Prinzipien.«

Schlussendlich habe ich mich der Änderung gebeugt. War über-

rascht, dass meine Mitwanderer sich unglaublich einig mit meinem Körper waren. *(Kennen Sie diese Gespräche: »Ja, also gut, wegen mir macht das nix, aber ich würde schon auch noch gehen heute. Ach nein, ist doch gescheiter und überhaupt, das Wetter, na gut, dann machen wir es doch so.« Solche Gespräche muss man von außen betrachten, es wohnt ihnen eine unglaubliche Komik inne.)* Und nutzte den freigewordenen Nachmittag für folgende Gedanken: Mutig ist, wer den Plan ändert. Schwere Beine haben mehr Durchhaltevermögen als der Prinzipien-Reiter in dir. Und wenn du dich mit deinem Charakter anlegst, schickt der seinen Sekundanten in den Ring: Den Kopf. Und gegen den hast du keine Chance. Hat sicher auch Julius Wagner-Jauregg so gesehen.

Tag 44

Mödlingerhütte – Johnsbach Donnerwirt – Johnsbach Kölblwirt. Zweieinhalb Gehstunden. Forststraße mit gelegentlichen Steig-Abkürzern durch den Wald, einfacher Weg. Aber eben auch unspektakulär.

Hund Niko Poldi hat mittlerweile akzeptiert, was ein Bett und was eine Hundedecke ist. Als Belohnung habe ich mich vor dem Niederlegen ein bisschen zu ihm auf den Boden gekuschelt. Wir sind dann gemütlich eingebüselt, entweder wegen Hund Niko Poldis regelmäßigem Schnaufen oder weil der Kölblwirt so guten Schnaps hat. Später habe ich mich ins Bett gelegt. Nur ich.

Rain Fan

Dem Regen wird oft Unrecht getan, wenn Wanderer morgendlich aus dem Fenster schauen, naserümpfend den Rucksack ins Eck und sich selbst wieder unter die Decke legen. Sie betrachten ihn als natürlichen Feind des gelungenen Wandertages. Jaja, die nun folgenden Erbostheiten über den doppelzüngigen Halbhuber, dieses Wendeblatt, das in den vergangenen Wochen oft den zynischsten Kritiker des Regens gegeben hat, überhöre ich gelassen. Weil mir die Schönheit des heutigen Regentages eine unfassbare Gelassenheit ins Hirn trommelte.

Tipp des Tages:

Die Einkehr in der Neuburgeralm ist herzlich, schmeckt lecker und verrät einem, dass es einen ganz besonders schönen Abkürzer durch den Wald gibt.

Will sagen: Regen belebt den Wandertag. Er lässt die Blätter unter dem Gewicht fallender Tropfen tanzen, den Nebel im Steigen und

Sinken Figuren in die Luft malen. Er macht den Weg zwar glatt, aber er schenkt ihm ein Schillern und Glitzern.
Was mich auf der heutigen Almenwanderung zum derartigen Rain Fan gemacht hat? Ich weiß es gar nicht. Vielleicht der unglaubliche Kampf der Schnecke, die gegen das Wasser auf der Straße ankam. Oder die Farbenpracht des Waldes, den der Regen heute besonders herausgeputzt hat. Oder der Dampf, mit dem sich das Nass still verzog, als die Sonne zurückschlug. Wahrscheinlich aber die monotone Harmonie des Prasselns, das alle anderen Waldgeräusche übertönte.

Folgende Doppelseite:
Kaiserschild, Eisenerzer Ramsau

Tag 45

Johnsbach – Ebneralm – Neuburgsattel – Neuburgalm – Radmer an der Hasel – Radmer an der Stube. Fünf Gehstunden. Einfacher, sehr schöner Almenwandertag, teils durch den Wald, teils auf der Forststraße. Der Schlusssteig, den uns die Neuburgalm-Chefin empfohlen hat, war ein exzellenter Abkürzer, wenn auch steil. Achtung: Das Tal, in dem die Radmers liegen, ist lang, was zu einer gut einstündigen Asphaltwanderei führen kann. Taxi gibt es keines, der Bus fährt selten.

Tag 46

Radmer an der Stube – über die Forststraße auf den Radmerhals (der Weg über den Lahngraben ist gesperrt) – Eisenerzer Ramsau – Eisenerz. Vier Gehstunden. Diese Strecke ist ein echter Spazierweg, verläuft ausschließlich auf der Straße und ist auch mit dem Kinderwagen zu bewältigen. Trotzdem bieten sich stellenweise tolle Blicke auf die Berge rund um Eisenerz. Am Ende der gemütlichen Wanderung lädt die Eisenerzer Ramsau zum Rasten ein, von dort kann man getrost den Bus nehmen, ohne etwas zu versäumen.

Hund Niko Poldi findet den Regen an sich nicht so toll. Aber dann war er mir doch dankbar: Mitwandernde Freunde brachten eine Hündin mit und auf die hat das gewaschene und luftgetrocknet lockere schwarze Fell mächtig Eindruck gemacht.
Ja, das ist auch einem kastrierten Niko Poldi nicht egal.

Gefühl in Zivil

Eine Frage kann ich nicht mehr hören: »Freust dich schon wieder auf die Zivilisation?« Lassen wir die Diskussion, ob man sich prinzipiell auf sie freuen kann, einmal beiseite. Widmen wir uns lieber der Frage, was Zivilisation denn genau ist? Denn zwischen Berghütten und dem Tal verschwimmen die Grenzen der Zivilisation. Oder zumindest ihre Definition. Oben fehlen einem heiße Duschen, eine Schlafstätte für weniger als zwölf Menschen und die Möglichkeit selbst zu entscheiden, wann Bettruhe ist. Kommt man unten an, fehlt einem das Oben. Genau: Es ist verzwickt.

> **Tipp des Tages:**
> *Die Küche des Gasthauses Zur Post, wirklich erwähnenswert.*

An meinem Eisenerzer Ruhetag wurde mir das wieder bewusst, als ich meiner Lieblings-Zivilisations-Gewohnheit nachging: Fernsehen. Im Frühstücks-Horoskop auf Puls 4 erfuhr ich, dass Liebe und Beruf meinem Sternzeichen heute zu 62 Prozent gewogen sind. Fast zwei Drittel, zufrieden, da bin ich Minimalist. Nachmittags plätscherte neben mir eine deutsche Reality-Sendung à la »So ist das Leben, aber ganz echt wirklich, lieber Seher«. Da begann ich an der Zivilisation zu zweifeln. Und abends lieferte mir die geschätzte Elisabeth Spira via ORF volltätowierte Menschen, die über das Leben philosophierten. Da hatte ich Angst.

Und ließ meine Gedanken eine Runde Ringelspiel fahren. Mir fiel mein freundlicher Wirt Karl Prem ein, der am Nachmittag erzählt hatte, dass im schönen Eisenerz einst 18 000 Menschen lebten (im Jahr 1944), heute sind es 5260, Tendenz sinkend. Zwar werde sich das »bei 5000 scho ei'pendeln«, aber es drücke aufs Gemüt. Nicht, dass wir uns falsch verstehen: Am Erzberg wird noch immer gleichviel abgebaut wie einst. Nur, dass das heute von den zivilisierten Maschinen und nur mehr 150 Menschenresten gemacht wird, statt wie einst von 5000 Arbeitern. Ich sagte ihm, dass Eisenerz trotzdem noch immer schön sei, vor allem die Fassaden. Wirt Karl Prem gab mir zwei der soeben gefertigten Palatschinken, nur so. Ganz unzivilisiert in die Hand. Seine Frau wusch mir derweil die Wäsche, weil ich darum gebeten hatte. Weil »man muss halt schon selber arbeiten, wenn man verdienen will. Und Spaß daran haben, sonst geht das hier nicht mehr.« Wirt Karl Prem hat ein sehr nettes Lächeln, das immer überraschend kommt.

Zur Verabschiedung meiner aktuellen Mitwanderer gingen wir auf ein Eis. Wir überlegten, was man aus der hübschen Stadt machen könnte. Plötzlich fuhr ein hochzivilisierter Porsche durch die äußerst verlassene Stadt. Es saßen höchstziviliserte Städter aus Wien darin. Sie hörten unzivilisert laute Musik. Ich sehnte mich in genau diesem Moment nach einer Hütte da oben, ohne Dusche. Aber mit viel Gefühl.

Liebes Tagebuch!

Heute war ich wieder zehn Jahre alt, weil heute habe ich einen tollen Ausflug gemacht. Zuerst sind die Helga, der Ferdl und ich von Eisenerz weg ein Stück zum Berg hingegangen, bis wir bei der Gsollalm waren. Da habe ich dann nicht genau geschaut und die zwei sind einen anderen Weg gegangen. Ich bin zur Frauenmauerhöhle gegangen. Die ist ganz dunkel und ur gefährlich, haben alle gesagt. Da darf man nicht alleine durchgehen. Aber es steht immer ein Führer davor, haben alle gesagt.

Da haben sich alle geirrt. Zuerst bin ich durch einen tollen Wald gegangen. Und dann habe ich die Höhle gesehen, ein ganz schwarzes Loch war das am Berg. Ich bin den steilen Hang hinauf gegangen und habe gehofft, dass die Helga und der Ferdl auch dort sind. Am Schluss war eine ur steile Stiege zur Höhle. Aber die Helga und der Ferdl waren nicht da. Und der Führer auch nicht. Ich habe in die Höhle hineingeschaut und ein bisschen Angst bekommen, weil es war ur dunkel und ich habe gar nichts gesehen.

Tipp des Tages:

Alleine nie in Höhlen gehen. Und wenn schon unbedingt, dann braucht man dazu verlässliches Licht und gute Nerven. Wer die Übersicht verliert, ist in echter Gefahr. Nicht in einer »Scheiße, die Zigaretten sind aus«-Gefahr. In einer echten.

Weg zur Hochschwab

Nach einer halben Stunde habe ich Helga angerufen. Sie hat gesagt, sie und der Ferdl sind falsch gegangen und gehen zum Ausgang von der Höhle auf der anderen Seite. Ich habe jetzt gewusst, dass ich alleine durch die Höhle gehen muss oder wieder hinunter und auch den anderen Weg hinaufgehen muss. Aber das wollte ich nicht, weil das ist anstrengend. Ur.

Ich habe mir die Stirnlampe aufgesetzt und beim Eingang haben Niko und ich noch ein Foto gemacht. Der Niko war ängstlich, aber er hat sich mit mir in die Höhle getraut. Ich war auch ängstlich, aber auch ein bisschen aufgeregt. Weil die Höhle so toll war.

Am Anfang habe ich die falsche Abzweigung genommen, aber ich habe mir gedacht, dass das nicht schlimm ist. Weil ich die Lampe gehabt habe und mein Handy hat zur Not auch eine Taschenlampe intreg… intrigi… intergier… eingebaut. Ich habe dann gleich wieder den anderen Weg genommen und da hat man eh gesehen, dass da oft Leute gehen. Aber zur Sicherheit habe ich Nikos Fut-

ter immer ein bisschen ausgestreut. Das hätte er wieder gefunden, wenn ich mich verlaufen hätte und er hätte mich aus der Höhle gerettet.
An einer Stelle war es dann ur eng. Ich habe fast nicht durchgepasst, aber dann habe ich doch durchgepasst. Nur den Rucksack habe ich vorschieben müssen, das war anstrengend. Ich war nachher ganz schmutzig und auch nass, weil die Wände ganz feucht waren. Immer wieder waren ganz hohe Ecken in der Höhle und manchmal auch kleine Sackgassen. Aber ich habe mich immer ausgekannt. Es war ur aufregend.
Nach einer halben Stunde habe ich den Ferdl jodeln gehört. Er ist mir von der anderen Seite aus entgegengekommen, ich habe mich voll gefreut, dass ich ihn höre. Auch der Niko hat sich gefreut. Der Ferdl hat zwei Taschenlampen am Kopf gehabt und eine auf der Hand, weil eine alleine zu dunkel war. Dann habe ich ein Foto von Ferdl und Niko gemacht, aber mit Blitz, da haben Nikos Augen geleuchtet. Beim Ausgang hat schon die Helga gewartet.

Sie hat sich ein bisschen Sorgen gemacht, aber es war ehrlich gar nicht arg. Wir haben noch etwas vor der Höhle gejausnet und Ferdl hat Fotos von Niko und mir gemacht. Die sind schön, ich schaue ur schlank darauf aus.
Die anderen Sachen wie der Weg Richtung Hochschwab und so Almenhütten waren heute auch schön. Aber die Höhle war toller. Am Abend auf dem Sonnschein Haus haben mir die Menschen von der Umgebung gesagt, dass sie sich nicht alleine durch die Höhle trauen würden. Und dass man nicht alleine gehen solle. Da war ich sogar ein bisschen stolz. Aber gesagt habe ich: »Ja eh blöd.« Es war ein tolles Abenteuer.

Dein Axel

Tag 48
Eisenerz – Gsollalm – Frauenmauerhöhle Westeingang – Frauenmauerhöhle Ostausgang – Pfaffingalm – Androthalm – Sonnschienhütte. Sechseinhalb Gehstunden. Die Wege an diesem Tag waren unkompliziert, boten wunderbare Ausblicke und führten durch herrliches Gelände, anfangs etwas steiler durch den Wald später flacher über Almen. Die Höhle ist ein großartiges Abenteuer, das man auch umgehen kann, alles andere ist für jeden Wanderer locker bewältigbar.

Was ich an Hund Niko Poldi so toll finde? Wahrscheinlich die Tatsache, dass der schwarze Zottel vollendetes Vertrauen beherrscht. Die Idee mit der Höhle fand er gar nicht so toll. Aber er ging mit mir. Als ich ihn dann im Stockfinsteren Platz legte, um einen Sackgassen-Höhlen-Ast zu überprüfen, fand er das auch gar nicht toll. Aber er blieb liegen. Warum? Weil er mir total vertraut. Und das verpflichtet mich. Ein gutes Gefühl.

Tränen lügen nie

Das muss unter uns bleiben: Ich habe heute am Hochschwab-Gipfel vor Freude geweint. Natürlich so, dass es keiner mitbekommt und ich mein Coole-Sau-Image nicht gefährde. Aber der Blick auf die Rax hat mich überwältigt. Seit über sieben Wochen rede ich von dieser Rax wie man von einem letzten großen Etappenziel spricht. Für mich ist dieses Hochplateau mittlerweile wie für Kinder das Schlafengehen am 23. Dezember. Die Rax und den Schneeberg noch, dann bin ich daheim. Und heute habe ich nicht von ihr gesprochen, ich habe die Rax gesehen. Augen nass.

Tipp des Tages:

Geh auf Gipfel! Das Gefühl ist unfassbar.

Diese Tränen kamen nicht überraschend, sie haben sich mit jedem Höhenmeter angesammelt. *(Wenn ich so auf den Hochschwab hochtrab, werden die Augen immer nasser, wengan Wasser).* Es begann schon in der Früh: Der himmlische Bühnenbeleuchter hat sein sanftestes Nebelblau herausgeholt. Ein Nebel, der dich blendet und die Kulisse in einen Schimmer taucht, den kein Künstler hinbekommt, sondern eben nur die Natur. Die entgegenkommenden Wanderer berichteten von einer Steinbock-Herde, die am Weg liegt. Sie lag da. Sie sagten, dass am Gipfel nur Nebel ist und keine Sicht. Bei mir war der Nebel weg. Sie sprachen vom *Schiestlhaus* unterhalb des Gipfels und, dass dieser moderne Kobel Geschmackssache sei. Mir hat er dann gefallen. Sie erzählten vom Kreuz, vom Biwak am Weg. Meine Lust nach diesem Berg schoss mir in die Beine, ich wurde schneller, ohne dass ich es wollte.

Als ich das Gipfelkreuz sah, erhöhte ich das Tempo nochmal. Es war viel zu schnell, ging sich aber für die verbleibenden sieben Minuten (statt angeschriebener 20) aus. Dann war ich oben. Überwältigt vom Blick. Eingeschüchtert von der Atemlosigkeit. Beeindruckt von dem Moment des Gipfelsieges, den ich auf meiner Wanderung so selten gesucht habe. Aber hier, am leichten Hochschwab schoss mir genug Sentiment für sieben Wochen ein. Später erreichten auch Helga und Ferdl den Gipfel. Und als sie mir das obligate »Berg Heil« wünschten, spürte ich meine Dämme brechen. Ich drehte mich von ihnen weg, aber auf der anderen Seite lachte mir wieder die Rax zu. Da musste ich weinen.
Aber das muss unter uns bleiben.

Tag 49
Sonnschienhütte – Häuselalm – Baumstall – Hirschgrube – Hundsböden – Rauchtal Sattel – Fleischer-Biwak – Hochschwab Gipfel – Schiestlhaus – Graf Meran Steig – Voisthaler Hütte. Sechseinhalb Gehstunden. Das Hochschwab-Gelände ist nicht nur wunderschön, sondern auch leicht zu begehen, keine ausgesetzten Steige, keine unfassbaren Anstiege, sondern immer die Gelegenheit, den Blick kurz vom Weg abschweifen zu lassen. Daher sind die Hochschwab-Etappen auch eine guter Einstieg für Mehrtagestour-Neulinge.

Niko Poldi speiste heute feudaler als ich:
Auf meine Frage nach einem Restl-Futter für den Hund
servierte ihm Hüttenwirt Hans Steinbock-Restln mit Nudeln.
Ich hingegen aß Gams.

Weil der Mensch zählt

Am meisten werde ich es vermissen, immer neue Menschen zu treffen, mit immer neuen Geschichten. Sie auf dem Berg zu erleben, in dieser Einheitssituation, wo du nichts verstecken kannst. Nicht vor dir und nicht vor den Anderen. Mit jedem Meter, den ich Wien näher komme, wächst meine Erkenntnis, dass es die erlebten Menschen sind, die meine Wanderung so einzigartig und schön machen. Als mich heute meine Mitwanderer Helga und Ferdl verließen, dachte ich an menschliche Begegnungen vergangener Tage.

Tipp des Tages:
Man lasse alle Tage so wie auf dem Veitschgipfel im Sonnenuntergang ausklingen ... Zumindest vom Gefühl her

Auf der Pfaffingalm, am Weg zum Hochschwab, haben wir zum Beispiel niemanden getroffen, die Menschen waren zum Einkaufen ins Tal abgestiegen. Aber einen Zettel haben sie hinterlassen: Durstige Wanderer mögen sich selbst bedienen. Soviel Mensch begegnet mir daheim oft nicht einmal in der knallvollen U-Bahn. Eine Stunde später kamen meine Mitwanderer und ich nicht aus dem Staunen heraus, als der Kärntner Walter uns erzählte, diesen meinen Weg gerade von Ost nach West zu gehen. Um abzunehmen. 25 Kilo wolle er loswerden, weshalb er nichts esse. Seit neun Tagen nichts außer Suppen. Auf unsere schnöden Zweifel reagierte er

Sonnenuntergang: Hohe Veitsch

mit wirrem Lächeln. Er schien uns eigen. Ihm war das egal. Er bestellte sich eine »ordentliche Brettljause«.
Auf der Sonnschienhütte trafen wir dann zwei Paare, eines aus Graz, das andere aus Wien. Die wohnen bei mir ums Eck. Wir sprachen also über das Leben im Allgemeinen und Strebersdorfer Grätzlpolitik im Speziellen. Am nächsten Tag ergab sich aus uns allen eine Quasi-Wandergemeinschaft hin zum Hochschwab. Nein, nicht Cluburlaub, sondern ungezwungen.
Ein menschliches Highlight war der Voisthaler Hüttenwirt Hans. Den hatten mir alle Nachbar-Hütten-Bosse und Insider als so

Hunde-unlieb geschildert, dass er »sogar Zwinger vor der Hütte aufgestellt hat. Dem Hans *(sprich: Hauns)* kommt ka Hund in die Hüttn.« Wie soll ich sagen: Hans, der vermeintliche Hundefresser vom Hochschwab, und ich haben das ausgeredet. Und Hunde wie Niko Poldi lässt Hans sogar im Zimmer auf dem Boden schlafen. Aber er kennt Geschichten, der Hans, von Hunden, die vom Tisch essen und Besitzern, die das verteidigen. Von trächtigen Dalmatiner-Hündinnen, die ihre Jungen auf dem Hochschwab werfen und Besitzern, die sie eben dorthin schleppen. Ich finde, Hans ist ein Michel. Ein ganz gerader.
Am Morgen machte sich übrigens ein blinder Mann am Arm seiner

Blick auf Teufelssteig und Hohe Veitsch

sympathischen Frau auf zum Hochschwab. Schlicht beeindruckend. Wir haben hingegen den Weg ins Tal in Angriff genommen. Wir, das waren im konkreten Fall Helga, Ferdl, Niko Poldi, ich und die zwei Hollabrunner, die wir kennen gelernt hatten. Der eine heißt Franz und ist der Onkel des Exfreundes meiner Katrin. Solche Zufälle lassen mich natürlich längst kalt, aber auf der Voisthaler Hütte wusste ich ja auch noch nicht, dass ich zwei Tage später in Neuberg Wiener treffen werde, die bei meiner Mama ums Eck wohnen. Die eine heißt Elisabeth und war meine Kindergartentante.

Am Ende des heutigen Tages wurde ich herzlich von den Wirtsmenschen des Graf Meran Hauses aufgenommen. Die machen durch ihre Art wett, dass es wegen des Umbaus da oben derzeit kaum Wasser und Strom gibt. Und der zwölfjährige Benedikt begleitete mich zum Gipfel der Hohen Veitsch. Er schnappte sich das Gipfelbuch und schrieb: »Hier ist Friede und Liebe sicher«. Das sei von ihm. Und als ob es ihm seine kindliche Weisheit befahl, ließ er mich damit alleine. In der Stunde bis zum Sonnenuntergang ging mir dann einiges durch den Kopf. Was genau? Das geht nun wirklich niemanden etwas an. Denn solche Momente gehören einem ganz alleine.

Tag 50

Voisthaler Hütte – Reitsteig – Florlhütte – Seewiesen – Seebergalm – Göriacher Alm – Turnauer Alm – Rotsohlalm – Teufelssteig – Graf Meran Haus. Sechseinhalb Gehstunden, allerdings von Seewiesen auf den Seebergsattel mit dem Auto geführt worden. Diese Tagesetappe ist recht weit, führt zu Beginn und am Ende über Bergwanderwege, zwischendurch über Forststraßen. Am Anfang ist der Abstieg recht steil, der Teufelssteig am Ende trägt seinen Namen zurecht, er ist steil und zieht sich. Allerdings sind die Wege ungefährlich, eben nur anstrengend und weit. Deshalb und wegen der schönen Rastmöglichkeiten am Weg sollte man also früh genug aufbrechen. Wie erledigt man auf der Veitsch auch sein mag, die 20 Minuten zum Gipfel sollte man noch auf sich nehmen.

Hund Niko Poldi machte heute auf Ghandi und versuchte erstmals den gewaltlosen Widerstand. Auf dem Teufelssteig, wo Hitze und Steilheit um die Herrschaft buhlten, legte er sich hin und reagierte auf mein »Komm weiter« mit einem klaren »Alter, dein Tempo reicht echt, jetzt ist Pause«-Blick. Ich sah die Sinnlosigkeit der Strenge ein und setzte mich dazu. Ein Charakterhund eben.

Das Recht auf Glück

Schon ein paar Meter nach dem Graf Meran Haus wusste ich, dass ich den kommenden Ruhetag in Neuberg brauche. Nach ein paar Metern mehr wusste ich, wie dringend. Eigentlich wusste ich es schon gestern Abend, als mir die Frage nach einer Dusche auf dem Graf Meran Haus mit dem Satz beantwortet wurde: »Wengan Umbau hamma derzeit net amoi Wausser.« Das war der dritte Abend en suite ohne gescheite Waschmöglichkeit, dazwischen waren Tage voll schweißtreibender Aufstiege, inklusive zweier Gipfel. Es klebt.

Tipp des Tages:

Geht man meinen Weg, muss man in Eisenerz Geld und Lebensmittel aufladen wie ein Esel. Denn bis Neuberg gibt es weder Bankomat noch Supermarkt. Im Übrigen auch keine Duschen auf den Hütten. Aber das ist eine andere Geschichte.

Auf dem Weg nach Neuberg potenzierte sich die Lust auf Dusche und Ruhe minütlich. Weil es auf und ab geht. Weil das Ende nie in Sicht ist. Weil ich auch keine Nahrung mehr mit hatte und mich der erotische Traum der Vornacht penetrant plagte. Wenigstens diese Sorge wurde ich hinter einer Tanne los. Doch Neuberg war noch immer weit. Also penetrierte ich Freunde mit grundlosen Telefonaten. Telefonieren lenkt ab, das kennen wir ja vom Autofahren. Und eine gute Freundin war bereit für eine Plauderei, sie eröffnete mir ihre Sorgen, von Jobmöglichkeiten, die ihr die Wahl schwer machen. Von ihren Lebensumständen, die sie gerne anders mag. Nicht, dass wir uns falsch verstehen: Sie hat einen guten Job und könnte einen anderen tollen haben. Sie lebt glücklich und sucht daher das Glücklichere. Ich warf etwas ein, das wie »Diese Sorgen möchten andere haben« klang. Sie replizierte gekonnt: »Jeder hat die Sorgen, die er hat.«

Das Gespräch gefiel mir, es lenkte ab. Also stemmte ich mich gegen ihr hingenommenes Schicksal, gegen das neuartige Luxussorgen-Wälzen und dagegen, dass wir diese Unzufriedenheit immer mit dem Recht auf die eigenen Probleme rechtfertigen. Diesmal widersprach ich, wahrscheinlich weil ich nach sieben Wochen Reduziertheit diesen Umstand anders sehe, ganz anders. »Wenn wir aber unsere Sorgen nie relativieren, nie versuchen, einen objektiven Blick darauf zu werfen, wie es uns geht. Wenn wir immer auf unser Recht pochen, uns Sorgen machen zu dürfen, bringen wir uns um ein anderes Recht: Das höchste, wichtigste und beste Recht auf eigenes Glücksgefühl. Glücklich kann nur sein, wer einmal Stopp zu immer neuen Sorgen sagt.« Die gute Freundin lauschte, also schoss ich ein Beispiel nach: »Hüttenwirt Georg sitzt

derzeit in seinem Graf Meran Haus mit einem gerissenen Knöchel-Band in einer einzigen Baustelle und erduldet einen richtig miesen Sommer mit schwachem Geschäft. Das berichtete er mir in jedem zehnten Satz. Die neun dazwischen waren immer voll Freude, mit einem Strahlen im Gesicht zeigte er da Fotos, die er macht, wenn er Zeit hat, weil in der Hütte wenig los ist. Er erzählt von seiner leidenschaftlichen Motivation, dass ihm Gäste noch immer Neues auf seinem Berg zeigen können. Neun Sätze lang ist er glücklich. Und nur der zehnte ist eine Sorge.« Meine gute Freundin gab mir schweigend Recht.

Ich kam, gut in der Zeit aber am falschen Ortsende, nach Neuberg. »Jetzt muss ich noch da durchlatschen«, dachte ich, rief mich aber gleich zur Ordnung. Und siehe da: Auf dem 15-minütigen

Weg zum sympathischen Landgasthaus Holzer wurde ich alle meine Sorgen los: Ich kaufte die nächste Wanderkarte, Lebensmittel, Hundefutter und Batterien. Es lag alles auf dem Weg und als Draufgabe stellte sich sorgenloses Glücksgefühl ein. Und jetzt werde ich in meiner Regenhose und mit nacktem Oberkörper die Wäsche holen, die auf der Wäschespinne hängt. Dazu muss ich am idyllischen Gastgarten vorbei. Die Gäste werden schauen. Was mir gar nichts macht.

***Tage 51 und 52** (Ruhetag 9)*
Graf Meran Haus – Veitschalmhütte – Veitschbachtörl – Hallegg – Neuberg an der Mürz. Fünf Gehstunden. Nach den ersten beiden Stunden auf aussichtsreichen Bergwanderwegen verläuft der Rest dieser Strecke im Wald, was sich ein bisschen zieht. Kein schwieriger Weg (wenn auch etwas schwach markiert), den man schnell absolvieren kann.

Hund Niko Poldi scheint sich an das Tempo der letzten Gemeinschafts-Wanderwochen gewöhnt zu haben und mag mein jetziges Solo-Marschtempo offenbar nicht. Trotzdem ist er diszipliniert und trottet nach. Ich ließ Hund Niko Poldi heute Abend abholen, weil ich die Steige der Rax und des Schneebergs nicht einschätzen kann.

Ever ending story

Axéju war traurig, dass sein treuer Gefährte Nikartax nun nicht mehr an seiner Seite war. Überall hatte er ihn begleitet, durch die nassglitzernden Almen Tirols und die grellsengende Hitze des Toten Gebirges. Über scharfe Kanten des Meeres aus Stein, rutschige Wurzelstöcke und die erschöpfenden Pässe des Gesäuses. Aber der tapfere Junge Axéju wusste genau, dass Nikartax die folgenden Tage nicht mit ihm gehen konnte, waren es doch die schwierigsten Prüfungen auf seiner langen Reise. Die Schneealpe mit ihren hohen Metern und tiefen Gräben. Das Geröll und die Drahtseile im gefürchteten Gamseck, dem Aufstieg auf die sagenumwobene Rax. Der steile Weg hinunter ins trefflich benannte Höllental. Und dann die bislang schwerste Aufgabe: Die senkrechten Eisenleitern durch die finstere Weichtalklamm. Das konnte Axéju seinem schwarzen Freund nicht zumuten.

Tipp des Tages:

Wer 1000 Höhenmeter am Stück zu schnell in Angriff nimmt, kann leicht scheitern. Daher: Langsam, aber beständig gehen. Und oben den Erfolg feiern.

Denn der mächtige *Weg* warf Axéju noch einmal seine gefürchteten Schergen vor die Füße. So leicht sollte er sein Ziel nicht erreichen. Der erste Endgegner stemmte sich erhaben vor Axéju, als er Neuberg im Tale verlassen hatte. Er hatte von diesem Farfelsteig in alten Büchern gelesen, gehört hatte er davon nichts, denn niemand wagte den Namen auszusprechen. Der mächtige *Weg* war sicher, dass Axéju schon am Fuße des Farfel umkehren würde. Aber der Junge ging raschen Schrittes in den dunklen Wald. Überquerte die Baumstämme, die der *Weg* für ihn ausgebreitet hatte, schob sich weiter hinauf auf die weiße Schneealpe. Der strömende Regen prasselte auf ihn nieder. Axéju trotzte. Der Nebel nahm ihm

Sicht und Gefühl. Er trotzte. Die Kälte kroch in seine Kleider und nagte an den Knochen.
Es kam ihm keine Sekunde in den Sinn, jetzt aufzugeben. Hier, bei seinem drittletzten Aufstieg. Und das machte den *Weg* noch wütender. Er zog den Farfelsteig in die Höhe, ließ ihn die Zähne fletschen. Axéju war schweißnass. Aber er ging weiter und erreichte das Schneealpenhaus. Der mächtige *Weg* spielte weiter seine Asse aus: Keine Dusche, Axéju zog sich aus und duschte im Regen. Der *Weg* zürnte furchtbar und griff zu seinem gemeinsten

OESTERREICH. GEBIRGSVEREIN
SCHNEEALPENHAUS
ERBAUT 1925 SEEHÖHE 1788
DANKE

Trick: Er sandte Axéju eine Niko Morgana. Axéju spürte die Sehnsucht nach seinem Gefährten, das Verlangen nach dessem treuen Blick. Aber er wusste, dass vor ihm nicht der wahre Nikartax winselte. Also ignorierte er den hinterlistigen Hund.
Der Zorn des *Weges* wuchs. Er riss sein Maul auf und alle Lebewesen verschwanden in dem Dunkel. Keiner glaubte nun mehr an Axéju, die Felsen verkrochen sich in der schwarzen und nebelnassen Nacht, die aus des *Weges* Maul strömte. Axéju trotzte, aber er wurde müde. Er lehnte sich zurück, schloss die Augen und rief die Königin Mercury an, denn nur ihr Gesang konnte ihm nun helfen. Axéju nahm die Kampferklärung des *Weges* an, indem er summte: *»Don't stop me now! / I'm burning through the skies Yeah! / Two hundred degrees / That's why they call me Mister Fahrenheit / I'm trav'ling at the speed of light …*
… There' no stopping me.«

Tag 53
Neuberg an der Mürz – Farfelsteig – Schneealpenhaus. Zwei Gehstunden und zehn Gehminuten. Wir wählten wegen des Dauerregens mit dem Farfelsteig den direktesten Weg auf das Schneealpen Haus. Dieser Weg durch den Wald ist sehr steil, an manchen Stellen bei Nässe rutschig (und damit nicht ungefährlich), aber für Wanderer durchaus zu bewältigen. Jedenfalls ist er eine gute Alternative zu längeren Aufstiegs-Möglichkeiten, wenn die Zeit knapp ist.

Ich vermisse Hund Niko Poldi schon jetzt.
Den heutigen Steig hätte er jedenfalls mühelos gepackt.
Wenn er mir auch den Regen übel genommen hätte.

Wer einen Weg sucht, hat mehr vom Leben

Wenn einen im Leben einer dieser Sprüche streift, greift man sich an den Kopf. »Es gibt kein schlechtes Wetter, sondern nur schlechte Kleidung.« Oder: »Alles hat auch etwas Gutes.« Mein absoluter Favorit: »Wer will, sucht einen Weg. Wer nicht will, sucht einen Grund.« Wow, dieser Superstar unter den Alltags-Weisheiten, ist so wahr, dass er weh tut.

Ich merke, dass ich seit Wochen keine Gründe mehr suche. Anfangs war das schon so, manchmal hoffte ich nach dem Aufstehen auf einen Regentropfen. Ich wollte einen Grund haben, mehr Pausen zu machen. Oder gar mit dem Bus fahren zu müssen. Ich wollte, dass mich das Schicksal mit seinem großen Hammer niederstreckt und ich gar nicht anders kann als eben … Das Schicksal ist in dem Punkt ein feiner Gefährte, es deckt dich mit seinem Mantel wohlig ein und schützt gegen alle hämischen Stimmen, auch gegen die eigene Innere. Aber seit irgendwo suche ich nicht mehr nach Gründen, die mir das Schicksal liefert. Ich suche nach Wegen: Wie kann ich diesen Tag doch gehen, wenn es regnet? Wie kann ich den Weg ändern, wenn ich festsitze? Wenn sich ein motorisierter Abkürzer anbietet, sage ich lieber nein. Ich will jeden Weg probieren.

Tipp des Tages:
Wer auf der Schneealpe nächtigt, muss, ich meine: MUSS, in der Lurgbauerhütte nächtigen. Das sind so nette Menschen, die machen so leckeren Käse, wie gesagt: muss!

Ich finde mittlerweile zu jedem Grund einen Weg. Da muss die Lösung auf den ersten Blick nicht immer zum Problem passen, heute etwa so:

Früh morgens schlug bösartiger, die Sinne wirrender Nebel um

sich, meine Reaktion: Zum Frühstück Ham & Eggs statt schnödem Schwarzbrot.
Die erste Gehstunde glich einem Sehtest, das Wetter machte die Schneealpe zur Markierungswüste. Aber nach einer Stunde tauchte die Lurgbauerhütte aus dem weißen Nichts auf. Man muss die Feste feiern, wie sie aus dem Nebel fallen, es ergab sich ein sehr nettes Rast-Gespräch mit dem unfassbar sympathischen Alm-Paar bei noch unfassbarer leckerem Almkäse.
Der nasse Nebel reagierte, kroch wie Ungeziefer zu den Knochen. Da und dort tauchten aus der weißen Luft Schreckgespenster auf, Geisterkühe. Im Ernst: Der Nebel wird lichter, da ist eine Kuh mitten auf dem Weg, der Nebel wird dicht, sie ist weg, er ist wieder lichter, die Kuh ist nicht mehr da. Gruselig. Also schaut man stur auf den nassen Weg und findet Walderdbeeren.

Die größte Herausforderung des Tages war der Gamsecksteig. Heißt: Zahmes Gamseck, ich möchte das Wilde gar nicht kennenlernen. Aber: Wären vor Wochen Drahtseil-Versicherungen, leichte Klettereien und Eisenleitern noch gute, sehr gute Gründe gewesen, sind es heute Wege, die mir als Herausforderung gerade recht kommen, die ich bewältigen will, um danach oben zu stehen und zurückzuschauen. Oh ja!
Ist man einmal auf dem Raxplateau und der Wind pfeift auf der Heukuppe um die Ohren. Lächerlich! Gämsen nähern sich und pfauchen wild, wenn man ihnen entgegengeht. Pah! Distanzen werden für Langzeitwanderer zeitlich viel zu großzügig bewertet. Kann mir gar nichts! Trotzdem kam das Ottohaus sehr gelegen, als es beim Jakobskogel plötzlich ums Eck bog.
P. S. Der Tourismusverband hatte mich gebeten, am Abend ein bisschen von den Erlebnissen meiner Wanderung zu erzählen, im Rahmen eines Angebots der Hütte: Schmankerlteller, Nächtigung und Axels Erlebnisse um wohlfeile 17 Euro. Oh ja, ich fühlte mich wie ein in die Jahre gekommener Schlagerstar, als ich davon hörte. Aber soll ich was sagen: Es war ein netter, sehr netter Abend. Warum? Weil die Zuhörer *(ja, das hat wirklich jemand gebucht!)* vom Wandern begeistert waren. Und weil dich das dann rückbegeistert. Von Problemen sagte ich übrigens kein Wort. Weil mir bewusst wurde, dass ich da bin, am Ottohaus. Und immer einen Weg gefunden hatte. Bis hier. Und weiter.

Tag 54
Schneealpenhaus – Lurgbauerhütte – Karlalm – Nasskamm – Gamsecker Hütte – Zahmes Gamseck – Heukuppe – Karl-Ludwig-Haus – Ottohaus. Sechseinhalb Gehstunden. Anfangs ist der Weg einfach (besser über die Karlalm) und unproblematisch. Das Zahme Gamseck ist ein Steig mit einigen einfachen Kletterstellen und Eisenleitern, richtige Schuhe und Trittsicherheit sind unbedingt notwendig. Außerdem zieht es sich gegen Ende ein bisschen. Ist man aber einmal am Hochplateau angekommen, warten einfache, breite Wege. Alles in allem ist das Gamseck eine schöne, für Wanderer abenteuerliche Möglichkeit, die Rax zu erklimmen.

Lieber Hund Niko Poldi, du fehlst mir schon, muss ich sagen. Und das Zahme Gamseck hätte dir gefallen, da wäre nix passiert. Komm bald wieder!

Über das Aussteigen im Speziellen

Auf 2000 Höhenmetern ist man per Du. Vor allem mit dem Leben. Hier oben begegnet man sich aufrecht, aber nicht untertänig. Auch dem Leben gegenüber nicht. Und deswegen kannst du hier schon mit 25 eine breite Brust haben. So wie Fischerhütten-Wirt Michi. Der steht sowas von im Leben und gestern Abend am Ottohaus stand er vor mir: »Bist du der Axel? Ich hole dich ab und geh morgen mit dir auf meine Hütte rüber.« Ich gebe zu, das hat mich dual gefreut: Der Wachthüttelkamm war mir als Abstiegssteig nicht geheuer, da gleicht ein eingeborener Hüttenwirt und Bergretter schon einiges im Kopf aus. Noch am Ottohaus haben wir darüber geredet und kamen über die Sätze »jaja, ich bin schon schwindelfrei« über »solche Wege sind halt auf der Karte schwierig zu bewerten« recht bald zu der alten Diskussion um die Einschätzung von versicherten Steigen im Besondern und die Frage, wer soll Bergsteigen, wer soll wandern und wer lieber gar nichts im Allgemeinen. Aber das gehe ich hier nun nicht nochmal durch. Viel wichtiger: Es hat mich zweitens gefreut, weil Michi ein ganz Netter ist. Was ich aber zu diesem Zeitpunkt noch gar nicht wusste.

Tipp des Tages:
Die Fischerhütte im Allgemeinen. Die Gipfelpalatschinken, die Gespräche mit Kathi und Michi, die Atmosphäre da oben und der Blick auf das ganze Land und mein Wien im Speziellen.

Erst heute hatte ich Zeit, das zu bemerken, 1100 Meter im Ab- und 1500 im Aufstieg lang. Auf denen mir Michi immer wieder etwas erzählte, über das Höllental zum Beispiel: »Da gab es den Hübner, das war der erste, der sich da rein getraut hat. Über den gibt es ein Buch, das war das erste, das ich gelesen habe. Weil sonst hab ich als Kind nicht so unbedingt lesen wollen. Überhaupt war das mit den Lehrern so eine Sache.« Wir tauschten Lausbuben-Geschichten aus, denn auch ich war kein Vaserl. »Aber heute kommen mich meine alten Lehrer auf der Hütte besuchen. Ich sage immer: Du musst im Leben einen Schmäh haben und rechnen können.« Michi hat einen Schmäh. Wenn er über den Schneeberg redet. Seinen Schneeberg, den er vor seinem Hüttenwirt-Dasein in guten Jahren bis zu 70 Mal bestiegen hatte. Wenn er über Bergrettungseinsätze und Selbstüberschätzung der Menschen spricht. Und am meisten, wenn er über seine Kathi erzählt, seine 22-jährige Freundin, die mit ihm die Hütte betreibt. Die immer wieder angerufen hat, während wir am Weg waren. Weil sich eine Aushilfe vorstellen gekommen ist. Oder eine Frage betreffend der Baustelle aufgetaucht ist, die Fischerhütte bekommt gerade Wasser und Kanal. »Sie vermisst mich auch und macht sich halt auch Sorgen«, sagte Michi. Bei solchen Sätzen ist Hüttenwirt Michi sanft und überzeugt. Bei anderen Geschichten ist er direkt und bestimmt.

Westblick von der Fischerhütte

Wenn er etwa über die Schwierigkeiten, eine Hütte auf 2049 Meter zu führen, redet. Oder Geschichten erzählt, was ihm da oben alles unterkommt. »Einmal hat eine Frau angerufen und gefragt, ob eh Wind ist. Sie möchte gerne die Asche ihres verstorbenen Hundes am Schneeberg verstreuen.« Oder ein Anrufer, der sagte, er möchte nun einmal eine Skitour auf dem Schneeberg machen. Und also wissen, wo man sich da die Ski an- und wo wieder abschnallt? »Na wir schnallen sie an, wenn der Schnee anfängt und ab, wo er aufhört. An manchen Tagen rufen hundert solche Leute an, da wirst deppert.« Aber das hat Michi im Griff. Solche Anrufer im Besonderen und das Leben im Allgemeinen.

Nur wenn ihn bei knallvollem Hüttenbetrieb wieder einmal ein Gast herholt und fragt: »Wie wird man eigentlich so ein Aussteiger?«, dann würde er ihm am liebsten von seinem Schneeberg werfen. Tut er nicht, sondern sagt stattdessen: »Ich habe vier Angestellte, eine sauschwierige Logistik und arbeite sechs Monate wie ein Viech. Wo bin ich ein Aussteiger?« Im Übrigen wäre das gar nichts für ihn, denn so gerne mir Michi die 700 Fotos vom vergangenen Neuseeland-Urlaub mit Kathi zeigen will: »Länger als einen Tag am Strand halte ich nicht aus. Wo wir hinfliegen, muss es auch Berge geben. Und mehr als drei Wochen brauche ich keinen Urlaub.« Kathi seufzt leise, aber mit dem Blick eines verliebten Mädchens und Michi direkt ins Gesicht.

P. S. Die beiden gaben mir das Zimmer mit Blick Richtung Wien und Michi zeigte mir, wie ich das Bett verschieben soll, um aus dem Fenster nach Hause zu sehen. Ich danke euch beiden. Für diesen Tag und diesen Abend im Besonderen. Und dass es solche wie euch gibt im Allgemeinen.

Tag 55
Ottohaus – Wachthüttelkamm – Weichtalhaus/Höllental – Weichtalklamm – Kienthalerhütte –Hochschneeberg/Klosterwappen – Fischerhütte. Fünfeinhalb Gehstunden. Wer das Gamseck geschafft hat, packt auch den Wachthüttelkamm leicht, die Weichtalklamm sowieso. Die Strecke vom Höllental auf den Hochschneeberg ist jedoch lang (1500 Höhenmeter Aufstieg am Stück), zieht sich besonders nach der Baumgrenze noch ordentlich. Dafür ist der Moment des Gipfelsieges unfassbar: Neusiedlersee, Wien, Semmering, Wechsel undundund. Ein toller Berg.

Mein lieber Hund Niko Poldi, da hast du heute nichts versäumt, denn nach dem Wachthüttelkamm, den du gepackt hättest, wärst du an der Weichtalklamm gescheitert, senkrechte Eisenleitern und so. Da hätte ich dich schultern müssen, wobei: Das wäre auch ein Spaß geworden. Das holen wir nach. Ich vermisse dich.

Manchmal muss man alleine sein

Bislang haben mich 32 Menschen beim Wandern begleiten. Und drei Hunde. Das ist schier unfassbar. Weil mir auf diese Art 32 Menschen gezeigt haben, dass sie auch gerne wandern. Dass sie meine Leidenschaft teilen. Dass meine Begeisterung sie begeistert. Und genau das ist es: Freude an derselben Sache. Menschen um sich zu haben, die über die gleichen Witze lachen. Bei denselben Filmen weinen. Den Sonnenuntergang genauso berührend finden. Den Weg genauso beschwerlich, den Ausblick ebenso schön.

> **Tipp des Tages:**
> *Einerseits der Kaiserstein oberhalb der Fischerhütte. Andererseits der Pluttenstein neben der Gauermann-Hütte. Orte, um zu sich zu finden.*

Ich stand auf dem Kaiserstein, der letzten großen Klippe vor Wien. Ganz an der Kante draußen. Schneebergdörfl und Puchberg unten ganz klein. Das Wiener Becken lag verschwommen im morgendlichen Dunst. Ich schaute zurück, sah bis zum Hochschwab.

Schaute vor, sah Wien. Als ich auf dieser Klippe stand, am viertletzten Wandertag, wurde mir anders. In mir rührte sich Entschlossenheit, dabei wollte ich Rührung. Ich erwartete eine Träne. Ich stand wie versteinert da, die Augen weit offen. Aber Tränen lassen sich nicht zwingen. Dass wir uns richtig verstehen: Alles war stimmig, ich freute mich auf die vor mir liegenden Mamauwiese, Dürre Leitn, Öhler und Plattenstein. Alles gut 1000 Höhenmeter tiefer als mein Standort. Es ging mir gut, aber die Rührung fehlte mir wie der Suppe das Salz. Hallo! Träne! Sie ließ sich nicht zwingen.

Ich atmete durch und machte mich an den letzten langen Abstieg. Machte mich daran, wieder einmal einen Tag lang alleine zu gehen, mit niemandem zu reden. Mich hinzusetzen, wo mich der Hintern auf den Boden zieht. Und vor allem: Mich nur auf mich zu konzentrieren. Es gelang mir nicht gleich, mir schossen die Worte einer Mitwanderin vergangener Tage ein: » ... das Glücks- und Hochgefühl, wenn man sein Ziel erreicht hat, ist unbezahlbar – was red ich, Du kennst es ja und Du wirst es bald in tausendfacher Ausführung erleben.«

Plötzlich war mir klar, warum ich wieder einmal allein sein sollte.

Wollte. Um dieses Gefühl wieder zu erleben, pur und unverdünnt. Meinen Blick aufs Glück wieder zu schärfen. Da lag es doch: Wien, das Ziel, das Ende einer langen Reise. Nur auf mich und mein Gefühl zu fokussieren, nicht auf das, was Mitwanderer sehen. Nicht die Ausblicke bewundern, die sie bewundern. Selber schauen. Ich

roch also an Blumen. Blieb stehen, wo es mir gefiel. Und dann tatusch: Am Öhlerschutzhaus aß ich ein Würstel. Und nach zwanzig Minuten fiel mir auf, was sich da als Topfpflanze vor mir räkelte und was ich die ganze Zeit nicht gesehen hatte: Edelweiß. Edelweiß, das ich mir auf meiner Wanderung so lange wünschte und nie gesehen hatte. Ich schmunzelte über die List des Schicksals. Eine Stunde später erreichte ich die geschlossene Gauermann Hütte, die direkt neben dem felsigen Plattenstein-Gipfel liegt. Da war kein Mensch, weit und breit nicht. Ich setzte mich zum Gipfelkreuz, blickte Richtung näher gerücktem Wien. Schaute ins Tal, das tief unten an der Felswand lag. Spürte die Sonne auf meiner Haut brennen. Inhalierte die wolkenlose Luft und die Stille. Ich wusste genau, dass ich mich wieder einmal in einem der Momente befinde, die man niemandem vermitteln kann. Nicht mit Bildern, nicht am Telefon, schon gar nicht mit Worten. »Macht gar nichts«, sagte ich leise. Und wischte mir die Träne von der Wange.

Tag 56

Fischerhütte – Fadensteig – Dürre Leiten – Mamauwiese – Öhlerschutzhaus – Plattenstein – Ungerberg – Frohnberg – Waidmannsfeld. Sechs Gehstunden. Der Fadensteig ist steiler als ich dachte. Hinunter eine letzte große Abstiegs-Herausforderung, als Aufstieg wahrscheinlich technisch einfacher, aber anstrengend. Aber ein wunderschöne Strecke, mit tollem Blick. Nach dem Fadensteig wurde dann alles anders: Forststraßen, einfache Waldwege, keine ausgesetzten oder schwierigen Stellen mehr. Sondern eben reines Wandern, geeignet für jedermann.

Lieber vermisster Hund Niko Poldi:
Ich aß heute die erste Pizza seit Langem. Du hättest auch eine bekommen. Con Carne per Cane.

Habemus Fritzam

Natürlich hatte ich ein bisschen Angst vor dem Tag. Oder sagen wir: Respekt. Dem Tag, an dem Friedrich Fritz Peterka in mein Leben und mit mir auf den Weg treten würde. Ganz genau: Der Friedrich Fritz, der von einigen als Weitwanderpapst bezeichnet wird. Weit-Wander-Papst. Beim Frühstück schepperte mir das Händchen bis zum Zertrümmern des Frühstückseies. Die Füße schmierte ich mir mehrfach mit der Ringelblumensalbe ein *(ich bin von Hirschtalg umgestiegen, nein ohne Grund, es gab lediglich keine Hirschtalgsalbe mehr. Naja, Ringelblumen zieht schneller ein, riecht aber besser)* und zurrte das Schuhwerk besonders fest. Ich startete in meinen Tag mit dem Mann, der im Guinness Buch der Rekorde steht: alle zehn österreichischen Weitwanderwege in 143 Tagen. Der Mann, der mir seit Beginn der Wanderung genau auf die Füße geschaut hat und durchaus kritisch kommentierte. Dieser vorvorletzte Tag würde meine Reife besiegeln, oder mein Scheitern.

Tipp des Tages:
Leben und leben lassen.

Friedrich Fritz stieg aus dem Zug. Leichter Rucksack, Wadeln wie Turbolader und ein Messrad in der Hand. Dazu muss man

sagen: Friedrich Fritz geht mit mir, um die Weg 01-Variante nach Wien fertig zu vermessen. Denn er hat es sich auch zur Aufgabe gemacht, rotweißrote Wanderwege genau zu erfassen. Später sollte ich noch bemerken: Friedrich Fitz schreibt alle Daten in Tabellen, mit Höhenmeter und der Temperatur, mit genauer Gehzeit und wahrscheinlich auch meinem äußerlichen Zustand, dachte ich. Natürlich machte mir Friedrich Fritz Angst. Wir marschierten los, er hinter mir. »Ich gehe mein Tempo, kümmere dich nicht.«
Ich trabte los, gestochen vom Hafer des Ehrgeizes, Friedrich Fritz im Rücken. Und nach wenigen Metern brach das Eis, vielleicht wegen der fast 30 Grad, vielleicht deswegen: »Ich werde ein bisschen langsamer gehen«, sagte Friedrich Fritz trocken. Ich unterdrückte den Jubel, zog innerlich aber die Lampionbeleuchtung auf. Ich fühlte mich wie der ehrfürchtige Knabe nach der Firmungswatschen, der höchste Hirte hatte mir soeben die Absolution erteilt. Klingt lächerlich? War es auch.
Weil Friedrich Fritz nicht nur ausgesprochen wettkampflos wandert, sondern auch einen weiten Horizont hat. Ich gebe es ja zu:

Ich dachte, dieser Mann hat etwas Belehrendes und vor allem kein Verständnis für einen wie mich, der vor acht Wochen rauchend und trinkend, untrainiert auf diesen Weg aufbrach. Der sich mal mit dem Auto mitnehmen lässt, um ein paar Asphaltkilometern zu entgehen. Der den Satz »Das Wichtigste am Gehen ist das Stehen« zum obersten Credo erhoben hat. Friedrich Fritz hat mir die Blödheit solcher Vorurteile vor Augen geführt, als ob er Lessing den Nathan diktiert hätte. »Ich finde es schön, dass du als Junger das Weitwandern wieder einmal bekannter machst.« Spricht so ein Verbissener?

Warum ich das erzähle? Weil es schön ist, wenn zwei mit unterschiedlichen Motivationen einen Weg gehen. Einer mit dem Messrad, einer mit dem Lenz. Weil es wirklich schön ist, dass Friedrich Fritz sich dem Wandern derart verschrieben hat, als Papst aber noch immer mit einem kleinen Schäfchen reden kann. Weil wir zwei Fremden heute etwas gemeinsam gemacht haben, obwohl wir uns so unähnlich sind. Ich behaupte: Dieses Gefühl für gelebte Toleranz bringen einem die Berge bei. Weil ehrlich: Das klingt schon ein bisschen nach Patentrezept.

Tag 57

Waidmannsfeld – Hohe Mandling – Waxeneckhaus – Auf dem Hals – Auf der Wurzen – Weissenbach an der Triesting. Fünfeinhalb Gehstunden. Man merkt deutlich, das Hochgebirge ist zu Ende: Waldwege, Wiesen und viele Föhren. Sehr idyllisch, sehr einfaches Wandergebiet, optimal auch für Kinder und Wanderer, die Felsen nicht unbedingt brauchen.

Morgen kommt der Niko, lalalalala.
Ich freu mich auf Hund Niko, lalalala.

G'schichtln aus dem Wienerwald, eine Urbankomik

Ich muss das loswerden: Umso tiefer man in den Wiener Speckgürtel eindringt, umso näher man dieser Stadt kommt, desto mehr riecht das Leben nach Alltag. Mit allem was dazu gehört. Jawohl, ich darf das sagen, ich bin schließlich Vollblutwiener: Ich stehe auf urige Heurigen, bekomme beim Singsang der choralen Matrosenknaben feuchte Augen und habe schon mal am Naschmarkt Obst gekauft, dessen Namen ich nicht aussprechen kann. Wien, du liebst mir und ich liebe du. Das wissen wir beide. Aber gerade eben clasht mich deine Kultur ganz gewaltig.

> **Tipp des Tages:**
> *Mit Kindern gehen, die schauen sich das anders an.*

Natürlich kann ich das nicht objektiv belegen, wie immer liegt es im subjektiven Detail: In Telefonaten *(die jetzt Empfangs-technisch übrigens wieder dauerhafter möglich sind, da wären wir beim ersten Problem)* geht es plötzlich zum Beispiel um Kleidung. Gewand. Stil beim Anziehen. Sie wissen schon: Ich habe es in den vergangenen Wochen ganz großartig genossen, von meinen drei Leiberln, Boxershorts und Sockenpaaren einfach immer die anzuziehen, die am frischesten wirken. Der Stil spielte da eine Rolle, so untergeordnet wie ein Sadomaso-Sklave.

Dann werden die Menschen, naja sagen wir: organisierter. »Hält der Termin eh?« »Hatten Sie noch was aus der Minibar, ah ja Mannerschnitten, macht noch eins zwanzig bitte?« »Schick mir das per Mail!« »Ich plane jetzt auch so eine Wanderung, wie kommt man denn zu Sponsoren?« Irgendwie schlägt mir das alles auf den Magen. Nicht, dass ich gleich einen Kübel brauche, aber hätten Sie wenigstens ein kleines Sackerl? Sie können es mir auch per

Mail schicken. Aber kommen wir zu Schönerem: Die unfassbare Romantik des Wienerwalds.

Den zu durchwandern ist nun tatsächlich eine Wonne. Ich tat das heute mit der sehr lieben Freundin Susanna und ihren großartigen Kindern Hannah und Philip, dem schon gestern ausgelobten Friedrich Fritz und einem Mitwanderer, den ich hier anonym sein lasse. Er verkörperte für mich nämlich eben das Wienerische, wegen dem ich mir gerade überlege, ob ich nicht vielleicht etwas Wichtiges in Bregenz vergessen habe. Ach so ja, Romantik: Peilstein, Ruinen, Höhlen, Helenental, Mayerling, Gott ist das alles hübsch, spazieren Sie da auch mal durch!

Ich muss noch was zu Wien sagen: Bitte, meine geliebte Heimatstadt, die ich nie tauschen würde, komm mir nicht ganz so, wenn ich dich morgen wieder betrete. Nimm mich in deine schönsten Arme und streichle mir durchs Haar. Halte deine charmante Urbankomik noch ein bisschen fern, schick deine Großstadtseite auf die Donauinsel und gib mir ein, zwei Tage. Möge dein großartiger Grant mich noch ein paar Tage verschonen und deine liebenswert schlitzohrige Geschäftemacherei mich übersehen. Begrüße mich mit »Derfs a bisserl mehr sein« und »Nur kane Welln«, sonst muss ich mich noch amoi ein bisserl über die Heisa haun. Bussi Bussi, ich freue mich auf dich.

Tag 58

Weissenbach an der Triesting – Peilsteinhaus – Mayerling. Dreieinhalb Gehstunden. Hier im Wienerwald ist echtes Wanderspazieren, für die Augen, für die Beine, es ist schön. Für Kinder, Familien und Genießer.

Hund Niko Poldi feierte heute sein zweites Comeback.
Er will weitergehen, allerdings bei tieferen Temperaturen.
Heute legte er sich zur Kühlung in eine Gatschlacke.
Aber er sah so zufrieden aus, was soll ich tun?

Angekommen

Es ist schwierig. Einerseits wünscht sich jeder Ankommende Menschen, die Spalier bilden, denen man in die Arme fallen kann, die einem auf die Schulter klopfen. Auch weil man dann sieht, dass andere interessiert, was man in den vergangenen zwei Monaten gemacht hat, wie man sich verändert hat und ob der Axel heute nun wirklich sein geliebtes Wien wiederbetritt.

Tipp des Tages:

Zweimal ankommen. Einmal für dich und einmal für deine Freunde.

Andererseits stehen die Willkommener dem Ichselbst im Weg. Dem Selbst, auf das ich mich nun zwei Monate konzentrieren konnte. Was heißt: Auf das ich mich konzentrieren musste. Denn du kannst alle schwierigen Wege meiden, den Himmel immer akribisch genau lesen, um dich vor dem Gewitter unterzustellen. Du kannst Pläne ändern und Unangenehmes umgehen. Aber dir selber entkommst du auf so einer Wanderung nicht. Der Kopf denkt und du hörst es. Die Augen schauen und du siehst es. Der Charakter rebelliert und du reagierst.

Und mit eben diesem ganzen Ich, den geschundenen Gelenken, dem überfälligen Sentiment und einem hochaktiven Kopf, wärst du in dem Moment gerne allein. Wenn du auf Wien hinunterschaust. Wenn du die Metallstange in der Hand hältst, auf der das Wiener Ortsschild angeschraubt ist. Wenn du nach 1000 Kilometern den letzten halben Meter machst.

Ich war nicht alleine. Ob das jetzt besser oder schlechter war? Ich weiß es nicht. Das ist ja eben schwierig.

Aber wieder zu Hause zu sein, es tatsächlich zu Ende gebracht zu haben, durch Österreich von Bregenz nach Wien gegangen zu sein, das fühlt sich gut an. Wahnsinnig gut.

Wien
Anfang
30

Tag 59

Mayerling – Heiligenkreuz – Sittendorf – Kreuzsattel – Seewiese – Parapluieberg – Perchtoldsdorf – Rodaun (Wien). Vier Gehstunden. Diese Schlussetappe ist verdammt einfach, ein Spaziergang durch den Wald und vielleicht gerade deshalb unglaublich würdig, eine Schlussetappe zu sein.

Hund Niko Poldi hat gespürt, was Sache ist. Mir schien sogar, er hat sich geweigert, die Bergrettungs-Kenndecke abzulegen. Lieber Niko Poldi, in vollem Bewusstsein des von mir verworfenen Superlativs: Du bist der beste Hund der Berge. Du bist der beste Gefährte an meiner Seite. Du bist der bedeutendste Mitwanderer. Du bist einzigartig. Ich danke dir, geliebter Freund.

Epilog

Im gelebten Alltag leistet man sich den Luxus des permanenten Tagesbuchs fürs Gemüt nicht, weil man nicht kann, weil man nicht will, weil man nicht glaubt, dass man kann und daher nicht will. Schade darum.

Wer nicht jeden Abend an den Tag zurückdenkt, ist keinen Meter wirklich gegangen.

Letzte Erkenntnis. Eine Woche später

Das Leben ist gleich wieder da. Weil es nämlich nie weg war. Es war immer in Wien, meinem Alltag. Ich hatte es für zwei Monate verlassen, nicht umgekehrt. Das alltägliche Leben ist nicht auf Bergen herumgewandert, hat keine neuen Menschen im Speziellen und Sichtweisen im Allgemeinen kennen gelernt. Es hatte keine Auszeit von den kleinen und kleinsten Problemen des großstädtischen Soziotops und auch nicht entsprechende Distanz zu den großen und elementaren Sorgen meiner Mitmenschen. Mein Leben war da, erhielt Rechnungen, beantwortete Anfragen und schwitzte den Urbansommer. Da ist es nur recht und billig, dass es mit dem Augenblick meiner Ankunft alles auf mich warf.

Das klingt nach Klagen. Soll es nicht sein. Eine Woche nach dem Passieren des Ortsschildes geht es mir noch immer gut. Freunde nennen mich »glücklich und entspannt«, auf Menschenansammlungen klopft man mir auf die Schulter und bezeichnet mich als »den Wanderer«. Und nahezu jeder interessiert sich für meine jüngste Ver-Gangenheit, privat und beruflich. Mir kann das alles nur gefallen und vor allem nichts anhaben. Weil mir beim Weitwandern eine zweite Haut gewachsen zu sein scheint. Die wie ein Filter nur das Feine an mich lässt. Das Ölige perlt ab.

Ich erzähle das, weil mir die Zeit gleichermaßen fehlt und abgeht, in der ich jeden meiner Tage reflektiert habe. Immer wenn ich beim Wandern den Computer aufgedreht und mich an meine werten Leserinnen und Leser gewandt habe, ist mir der Tag durch den Kopf gegangen. Das Gute ins Köpfchen, das Schlechte ins Hinweg. Diesen Luxus des permanenten Tagesbuchs fürs Gemüt leistet man sich im gelebten Alltag nicht, weil man nicht kann, weil man nicht

will, weil man nicht glaubt, dass man kann und daher nicht will. Man tut es einfach nicht. Schade darum, sehr schade.
Damit habe ich meine letzte Erkenntnis der Wanderung wohl erst hinterher gewonnen. Gar nicht dabei, sondern danach. Und gar nicht beim Wandern, sondern beim Schreiben. Dabei, wenn ich so nachdenke, ist mir diese Erkenntnis immer wieder über den Weg gelaufen: Als mein Sentiment so vehement auf das Ver-Gangene hingewiesen hat und mich zum Rückblicken zwang. Als mir beim Anblick der westlich gelegenen Horizonte immer wieder wassrig im Auge wurde. Als mir regelmäßig der Satz »Das Wichtigste am Gehen ist das Stehen« einschoss. Aber erst jetzt, wo ich mich wieder im Alltag niedergesetzt habe, verstehe ich es richtig.
Also ist mein letzter Tipp des Tages: Wer nicht jeden Abend an den Tag zurückdenkt, ist keinen Meter wirklich gegangen.
Ich danke, eindringlich und aufrichtig, für die Aufmerksamkeit.

Axel N. Halbhuber

Schön, dass ich euch danken darf

Ich habe geglaubt, keine Erkenntnisse zu gewinnen. Das war ein Irrtum und ehrlich: So gerne habe ich mich noch nie geirrt.
Aber fast alle haben angenommen, die wichtigste Erkenntnis wird mich selbst betreffen. Und da haben sich fast alle anderen eben auch geirrt. Natürlich hört man sich selbst in all den Wanderstunden zu, lernt sich ein bisschen besser kennen, aber die große Selbstfindungs-Meditation war mein Weg nicht.
Meine größte und großartigste Erkenntnis betraf die Menschen, die ich traf. Wie sie mich auf der Hütte willkommen geheißen haben. Wie sie sich am Weg für meine Wanderung interessiert haben. Wie sie mich an ihren Leben teilhaben ließen, mit mir gelacht und in die Ferne geschaut haben. Als sie meine Wäsche wuschen, wenn es dringend nötig war. Als sie meinen Rucksack nähten, wenn er aufgeben wollte. Ich bin drauf gekommen, dass sie es waren, die meine zwei Monate durch Österreich so einzigartig gemacht haben. Sie und die Art, wie sie sich im großartigen Bühnenbild unserer Berge begegnen. Ihre Toleranz. Ihr Interesse. Ihre Freude an der gemeinsamen Freude.

Ich danke den vielen Menschen.

Besonders danke ich euch, meine großartigen, ausdauernden, aufbauenden und lieben Mitwanderer. Katrin, Livi, Pauli, Laszlo, Nore, Christian, Claudia, Marc, Michi, Iga, Manu, Michi, Sandra, Gerti, Robert, Tom, Julia, Sarah, Hannes, Marc, Harald, Helga, Ferdl, Peter, Romy, Steffi, Ingrid, Michi, Anna, Martin, Sabine, Edi, Fritz, Andreas, Susanna, Hanna, Philip, Petra, Ulli, Ursula, Ariane, Natascha, Sabine, Kathi, Geli. Und dir, mein lieber Freund und treuster Begleiter Niko Poldi, der du fast den ganzen Weg mit mir

gegangen bist. Ihr alle habt meine Freude geteilt, mich ertragen, diesen Weg mit mir entdeckt.
Ich danke der Österreich Werbung für das Vertrauen, dieses Projekt wirklich mit mir machen zu wollen. Stellvertretend für alle, die daran gearbeitet haben, dir, Petra, für die Entscheidung. Dir, Ulli, für deine Größe. Dir, Chris, für den Einsatz und dein Talent. Dir, Manu, für die Geduld und so viel mehr. Dir, Nore, für diese einzigartige Idee.
Den Doktoren Hollenstein, Schedl und Hafner danke ich für die sport-medizinische Beratung, besonders aber dir, liebe Bettina, für die motivierende und hilfreiche Begleitung meines Projektes. Ich empfehle dich jedem Weitwanderer: www.kurztraining.at.
Meinen Freunden bei der Bergrettung danke ich für Niko Poldis Kenndecke, ihr begleitendes Auge und den wertvollen Spruch: »Die Mutigen sind alle schon im Himmel«.
Zum Schluss, aber nicht zuletzt, danke ich von ganzem Herzen meinen Freunden. Ihr habt mich aufgebaut, wenn es nötig war. Ihr habt euch für mein Tun interessiert. Und, was am meisten zählt: Als ich zurück kam, ward ihr noch immer da.

Das gilt auch für euch, meine geliebten Eltern. Für Mama, auf die ich schlussendlich immer vertrauen kann. Und für Papa, von dem ich weiß, wie gerne er mitgegangen wäre. Danke, dass ihr beide stolz auf mich seid.

Und dir, Katrin, für dein Verständnis. Ich liebe dich auch dafür.

Nachwort: Vom Nutzen des Außergewöhnlichen: axelwandertdurch.austria.info

Warum bittet die Österreich Werbung einen Wirtschafts-, Sport- und Society-Journalisten, von Bregenz nach Wien zu wandern und darüber ein Blog zu schreiben?

Ich beginne meine Antwort mit der Unterstellung, in jedem Österreicher stecke ein Wanderer: Kaum sind wir auf der Welt und in Kindergarten und Schule, wird uns auf Wandertagen das Wandern gelehrt – so es uns nicht schon unsere Eltern beigebracht haben. Wir begreifen schnell, dass der Wandertag den Alltag ablöst und auf das Niveau des Erträglichen hebt, werden zu staunenden Naturkundlern und verinnerlichen, wie es sich anfühlt, ein Ziel zu erreichen, das mit Jause gefeiert wird. In diesem Sinne ist Wandern eine österreichische Kulturtechnik.

Und auch wenn die Pubertät der gemäßigten Bewegung in erhebender Natur wenig abgewinnen kann, kehrt die Sehnsucht nach den Brüchen mit dem Alltäglichen im Erwachsenenalter zurück – bei einigen nur als Erinnerung, bei anderen als episodische Erfahrung. Nicht wenige werden zu Wanderern.

Axel Halbhuber ist kein paradigmatischer Wanderer, vielmehr ein urbaner Zeitgenosse, der mit den Aufwühlungen seiner Stadt einträchtig zu leben weiß. Und er ist ein Erzähler. Auch wenn das Korsett des journalistischen Arbeitens wenig Raum lässt für sprachliche Verbrämungen, fällt seine Fähigkeit auf, dem Alltäglichen das Besondere anzumessen.

Axel Halbhuber war unser Mann: Ein Nichtbergfex sollte sich auf den Weg machen, einer der den Zuhausegebliebenen erzählt, was ihm begegnete; der uns die Berge, Täler, Seen und Flüsse nicht poetisch entrückte oder auf Hochglanzpapier auf den Kaffeetisch legte, sondern einer, der uns mitnehmen würde: Jeden Tag eine kurze Nachricht auf dem Bildschirm, eine Ankündigung auf Twitter, dann und wann ein Telefon-Podcast in Echtzeit, Video-Botschaften, Antworten auf Kommentare der Leser. Die Segnungen der Web 2.0-Kommunikation als Ausdrucksmittel archaischer Fortbewegung. Von Bregenz nach Wien, quer durch unser Land und quer durch sein Leben, entlang einer alten, aber wenig dokumentierten Route. Axel Halbhuber sollte uns zeigen, dass es möglich ist, aufzubrechen und für bestimmte Zeit in diesem Österreich aufzugehen.

Objektiv kann das Projekt axelwandertdurch.austria.info mehrfach beurteilt werden: Es liegt nun eine aktuelle Wegbeschreibung vor, die sich größtenteils mit dem Weitwanderweg 01 deckt. Es wurde im deutschsprachigen Raum für Wandern in Österreich geworben, eine wichtige Aufgabe der Österreich Werbung. Es wurden Clickraten und Medienresonanz erzielt.

Vor allem aber wurde ein Vieles an Erlebtem zu einem Großen verdichtet. Ich freue mich, dass nun ein Buch vorliegt, das das Vergängliche der Online-Kommunikation durch physische Beständigkeit überwindet. Ich freue mich, dass das, was Axel Halbhuber in 59 Tagen erwandert und erzählt hat, zum Edelsten alles Konservierten geworden ist – zu einem Buch.

Dr. Petra Stolba

Geschäftsführerin der Österreich Werbung

NORTHLAND

Bildnachweis:
S. 19, 21, 46, 195, 197 und 207 © by Christian Lendl/Österreich Werbung
sämtliche anderen Abbildungen © by Axel N. Halbhuber

Besuchen Sie uns im Internet unter
www.amalthea.at

Schutzumschlaggestaltung: Kurt Hamtil, verlagsbüro wien
Vor-/Nachsatz © Florian Partl
Bildbearbeitung: Pixelstorm, Wien
Herstellung: Franz Hanns
Gesetzt aus der 10/14 pt Weidemann Book
Gedruckt in der EU

ISBN 978-3-85002-708-3

10°
12°
Tauber
Nürnberg
Pegnitz
Rhein-Main-Donau-Kanal
Regen
Regensburg
Altmühl
Kocher
Stuttgart
Neckar
D E U T S C H L A N D
Isar
Lech
Donau
Ulm
Augsburg
Ammersee
München
Alz
Inn
Iller
Chiemsee
Salzach
Starnberger See
48°
Bodensee
Bregenz
Kehlegg
Schröcken
Damüls
Lech
Rhein
Vorarlberg
Liechtenstein
Ill
Biberwier
Bach
Anhalter Hütte
Steinseehütte
Memminger Hütte
Leutkircher Hütte
Leutasch/Obern
Larchetalm
Eng
Maurach/Achensee
Steinberg/Rofan
Kufstein
Straubinger Haus
Stripsenjochhaus
Loferer Alm
Lofer
Hirschbichl
Ingolstädter Haus
Maria Alm
Innsbruck
Tirol
Ötztaler Ache
Sill
Großache
Saalach
Salzach
Salzb
Isel
SCHWEIZ
En/Inn
Adige [Etsch]
Eisack/Isarco
Bozen/Bolzano
Trento [Trient]
46°
Piave
Tagliamento
I T A L I E N
Bergamo
[Gardasee]
Lago di Garda
Adige [Etsch]
0 25 50 75 100 km